LORENA REGINATO DEFENDE

o sonho de Lorena

São Paulo
2016

© 2016 by Universo dos Livros
Todos os direitos reservados e protegidos pela Lei 9.610 de 19/02/1998.
Nenhuma parte deste livro, sem autorização prévia por escrito da editora, poderá ser reproduzida ou transmitida sejam quais forem os meios empregados: eletrônicos, mecânicos, fotográficos, gravação ou quaisquer outros.

DIRETOR EDITORIAL
Luis Matos

EDITORA-CHEFE
Marcia Batista

ASSISTENTES EDITORIAIS
Aline Graça
Letícia Nakamura

PREPARAÇÃO
Raquel Nakasone

REVISÃO
Plínio Zúnica
Cássio Yamamura

ARTE
Francine C. Silva
Valdinei Gomes

FOTOS DE MIOLO
Acervo pessoal
Leandro Asai

CAPA
Zuleika Iamashita

FOTO DE CAPA
Leandro Asai

Dados Internacionais de Catalogação na Publicação (CIP)
Angélica Ilacqua CRB-8/7057

R262s

    Reginato Defende, Lorena

    O sonho de Lorena: uma história de superação e coragem / Lorena Reginato Defende – São Paulo: Universo dos Livros, 2016.

    112 p.

    ISBN: 978-85-503-0018-4

    1. Lorena Reginato Defende - biografia 2. Câncer – pacientes – biografia 3. Vlogs (Internet) I. Título

                                          CDD 926.1892994

Universo dos Livros Editora Ltda.
Rua do Bosque, 1589 – Bloco 2 – Conj. 603/606
CEP 01136-001 – Barra Funda – São Paulo/SP
Telefone/Fax: (11) 3392-3336
www.universodoslivros.com.br
e-mail: editor@universodoslivros.com.br
Siga-nos no Twitter: @univdoslivros

Sumário

Agradecimentos · 07
O desejo de uma mãe, por Fiorella Reginato · · · · · · · · · · · · · · · 09
  Por que resolvi escrever este livro? · · · · · · · · · · · · · · · · · 27
  Uma criança comum · 31
  Estou com câncer, e agora? · 37
  A cirurgia · 45
  A recuperação · 47
  Minha missão · 55
  Quem tem amigos, tem tudo · 57
  Coisas que funcionam na minha vida · · · · · · · · · · · · · · · · · 61
  Lorena por dentro · 65
  Fatos sobre mim · 67
  Do sucesso ao quase fim do canal · · · · · · · · · · · · · · · · · · · 73
  O tal do hacker se arrependeu · 77
  Youtubers na área · 79
  Meus canais preferidos · 85
  Relação com os seguidores · 89
  Sobre julgamentos e críticas · 95
  Meus tweets mais famosos · 97
  Obrigada por chegarem até aqui · 103
De irmã para irmã, por Larissa Reginato · · · · · · · · · · · · · · · · · · 105

Agradecimentos

Agradeço primeiramente a Deus, ao meu avô Antônio Fernando Reginato e ao dr. Hélio Machado por eu estar viva!

Aos médicos do Hospital das Clínicas de Ribeirão Preto: dr. Carlos Alberto Scridelli, dr. Elvis Valera, dra. Bianca Mori, dr. Ricardo Defavery, dra. Joana Faria, dra. Karoline Helena Silva da Silva, dra. Gláucia Fernanda Faccio, dra. Luciana Santiago e a todos do setor de oncologia pediátrica.

Aos neurocirurgiões dr. Ricardo Oliveira e dr. Marcelo Volpon, ao dr. Felipe Trevisan e às equipes de radioterapia e da central de quimioterapia. Agradeço à enfermeira Paula de Bortoli e a toda a equipe de enfermaria do HC, às fonoaudiólogas dra. Aline Patrícia A. da Silva, do HC, e à dra. Renata Fúria Sanches, de Jaú. Sou grata também à dra. Ana Francine G. Baltazar Ortigoza, a fisioterapeuta de Jaú, e ao dr. Nicholas Areco, meu psicólogo, à dra. Úrsula R. Sgabieri, minha nutricionista, e à Tânia L. Sendrin, a assistente social, todos do HC.

Obrigada também à minha manicure do coração, Silvinha. E principalmente a todos os meninos, meninas, adolescentes e idosos que me ajudam ou me ajudaram com tantas mensagens de apoio. Não me esqueci de vocês e de toda a força que recebo todos os dias.

O desejo de uma mãe,
por Fiorella Reginato

Tem gente que não acredita em Deus. Tudo bem, cada um com seu cada um. Mas eu não consigo me conformar com quem não acredita – ou diz que não acredita – em milagres.

Todos os dias, quando acordo e olho para o rosto da Lorena com aquele sorriso iluminado, sinto um gostinho de missão cumprida. É aquela sensação que toda mãe deve sentir quando tem orgulho do filho, ou quando enfrentou uma barra muito pesada. Lorena é leve. Leve como um pássaro. Suas asas a fazem voar tão alto que ela é capaz de sonhar grande e de dizer coisas que muitos não entendem nem no fim da vida. Lorena é uma menina iluminada.

Enquanto a observava ficar de pé e dar o primeiro passo depois do câncer, amparada, comecei a refletir. Eu nem imaginava que seria bem mais fácil vê-la andar quando ela tinha 1 aninho do que agora. Bebês engatinham e depois andam, é um processo simples e natural. Mas, para a Lorena, tudo é uma conquista diária.

Estamos em junho de 2016. Lorena ainda está em uma cadeira de rodas. Faz um esforço sobrenatural para se pôr de pé e comemora cada dia na fisioterapia, cada novo movimento. Para quem ficou sem conseguir mexer um músculo sequer, isso é um milagre. Uma verdadeira bênção, pela qual agradeço todos os dias.

Aos 11 anos, minha pequena Lorena voltou a ser um bebê. E eu passei a viver tudo aquilo que jamais imaginei ser capaz de suportar. Mas a gente aguenta. Essa força das mães talvez seja algo a ser celebrado. Toda mãe é capaz de fazer qualquer coisa por seu filho, mesmo que isso signifique abrir mão da própria vida. Mesmo que seja preciso chegar ao inferno, olhar as profundezas de tudo que existe de pior na vida, e depois voltar à superfície, tentando respirar.

Às vezes acordo e sinto como se estivesse nadando contra a correnteza. Como se estivesse em uma daquelas tempestades, colocando a cabeça para fora da água para pegar um pouco de ar e não morrer afogada – mas fora da água está tão difícil de respirar quanto dentro dela.

Mas estávamos falando de Deus, né? Durante esse meu tempo de vida, tive algumas provas de sua existência. Ainda tenho. E por isso faço com que minhas filhas entendam essa força. A força da fé, da esperança, do milagre. Só assim a gente consegue passar pela vida.

> **Toda mãe é capaz de fazer qualquer coisa por seu filho, mesmo que isso signifique abrir mão da própria vida. Mesmo que seja preciso chegar ao inferno, olhar as profundezas de tudo que existe de pior na vida, e depois voltar à superfície, tentando respirar.**

E talvez ninguém nem sonhe como é nossa rotina quando assiste a um vídeo engraçado da Lorena no YouTube. Gente, não é fácil. Não é nada fácil. A recuperação de uma criança que passou por uma cirurgia tão delicada e por tantas sessões de rádio e quimioterapia é lenta e progressiva. Mas nunca desistimos. Nunca, desde quando saímos do hospital, deixamos de agradecer pelas bênçãos que recebemos diariamente.

Talvez você tenha algum motivo para reclamar, mas eu te digo uma única coisa: enquanto houver vida, há esperança. É assim que penso. Mesmo tendo passado por maus bocados, eu só entendi o que é dor de verdade quando minha filha ficou doente. Pensar na possibilidade de perder um filho é algo arrebatador. Muda sua maneira de enxergar as coisas de repente.

Aí entendi o quanto minha mãe deve ter sofrido com a morte do meu irmão, que faleceu em um acidente aos 22 anos. Quando ele partiu, minha mãe morreu junto. Não que ela tenha morrido de verdade, mas começou a morrer por dentro.

Dizem que, de vez em quando, a alma da gente resseca... Quando paramos de acreditar na vida. Quando não vemos mais alegria nas coisas. Foi assim com a minha mãe. Ela começou a colecionar doenças após a morte dele. Mesmo tendo mais quatro filhos, ela não tinha como deixar de sentir essa dor.

Coisa curiosa essa – ninguém tem filho preferido. Isso não existe. Todos são importantes na mesma medida e fazem uma falta danada. Só uma mãe que já viu um filho diante da morte pode entender essa dor. É uma dor que eu não desejo para ninguém.

A vida tem suas armadilhas. Tem hora que a gente nem sabe o que fazer. Tem hora que parece que Deus saiu de cena. E se a gente acredita nisso, se sente desamparado.

Este livro não tem idade sugerida. É para quem gosta do YouTube e da Lorena. Mas é principalmente para quem quer uma boa razão para acreditar. Acreditar na vida, no poder de Deus, na força que podemos extrair de cada pequeno momento e de cada movimento que fazemos. Hoje, agradeço. Estou aqui para contar o que se passou. Mas, olha, não foi fácil.

O coração da Lorena parece um diamante de tão puro, brilhante e iluminado. É o meu combustível para viver. Sendo uma pessoa verdadeira, acabei percebendo como é difícil lutar pela verdade em uma sociedade em que todo mundo vive mascarado. Mas eu nunca me arrependi disso.

Minha infância não foi fácil, mas também não foi difícil. Quando meu pai me dava dinheiro, era contado. E isso era bom, porque aprendi a ser responsável desde cedo. Assim, passei esse ensinamento para minhas meninas com facilidade. Por mais que sofrêssemos, elas sempre entenderam quando dava e quando não dava para comprar alguma coisa. Mesmo que estivessem de barriga vazia, elas entendiam a situação caso eu não tivesse um real para comprar nada para comerem.

Criar duas filhas sozinha não é tão fácil quanto parece. Por isso, muita gente prefere manter o casamento, mesmo quando o casamento é ruim. Às vezes é para manter as aparências, mas outras vezes é para ter ajuda mesmo. Me separei do pai das meninas quando a Larissa tinha 5 anos. Lorena tinha 2 anos. Como tudo na vida, nada foi fácil.

Sou farmacêutica de formação. Minha mãe se aposentou em 2008 e deixou sua farmácia de manipulação para que eu assumisse. Cheguei a ter 12 funcionárias na época das vacas gordas. E perdi tudo, quebrei, sujei meu nome.

Por isso, eu digo: a vida, amigo, é uma montanha-russa. Às vezes você está por cima, às vezes está por baixo. Então, nunca cuspa em ninguém. Por mais que eu nunca tenha feito isso, já levei tanta cuspida na cara que nem lembro quantas foram ou de onde vieram. Nessas horas, eu me abaixava em um canto qualquer, sozinha, chorava e pedia a Deus que me desse força para suportar tanta humilhação.

Foi a fé que me trouxe até aqui. Minha filha, Lorena, era daquelas crianças que jogavam bola na rua e brincavam sem ter hora de voltar para casa. Ela e a irmã cresceram vendo a mãe dar duro. Mas sempre foram muito felizes. Nunca faltou amor.

Às vezes, eu tinha que pensar em como dizer a elas que naquele mês teríamos que segurar as pontas. Eu pensava mil maneiras de fazer isso, mas sempre fazia do jeito mais direto possível: "Filhas, a gente vai ter que apertar o cinto. O dinheiro da comida vai ser menor, porque a farmácia não deu o que eu esperava esse mês". E elas entendiam. Eu nunca menti para as minhas filhas.

> **Criar duas filhas sozinha não é tão fácil quanto parece. Por isso, muita gente prefere manter o casamento, mesmo quando o casamento é ruim. Às vezes é para manter as aparências, mas outras vezes é para ter ajuda mesmo.**

Sempre achei que, para protegê-las, precisava falar a verdade. E elas aprenderam a lidar com a verdade, por mais dura que ela fosse.

Em 2015 veio a maior bomba de nossas vidas. Eu trabalhava sozinha na farmácia, e comecei a perceber que a Lorena vinha tendo dores de cabeça frequentes. Às vezes ela até vomitava. Ela foi diagnosticada com enxaqueca.

Em janeiro de 2015, ela foi passar uns dias de férias com o pai. Desconfiado daquela enxaqueca recorrente, ele decidiu levá-la ao pediatra. Os exames clínicos não deram nada, mas ela continuou com as queixas. E aí aconteceu uma daquelas coisas que a gente não consegue explicar.

No carnaval de 2015, meu pai nos chamou para ir à praia. Minha mãe, infelizmente, já era falecida na época. Ficamos contentes com o convite. Foi lá que ele percebeu que havia algo errado com a Lorena. Acho que foi Deus que arquitetou tudo direitinho para que as coisas acontecessem na hora certa.

Meu pai, dr. Antônio, é neurologista clínico. E um neurologista sabe que é estranho que sua neta fique vesga de forma involuntária e coloque a mão em um lado do rosto para enxergar melhor. O que poderia parecer um problema de visão para um leigo acusava algo bem mais sério que, graças ao meu pai, foi descoberto a tempo.

Quando ele percebeu esses detalhes, mandou que voltássemos direto para Jaú para fazer uma ressonância na cabeça da minha filha. Fiquei tensa esperando o resultado, enquanto ela aproveitava o restinho do feriado com um amigo em Bocaina.

Nunca imaginaríamos o que viria a seguir. Dias depois, quando o exame chegou, minhas mãos começaram a tremer enquanto eu abria o envelope. Era como se tudo ficasse escuro. Eu, como farmacêutica, sabia que ali tinha coisa errada. Liguei para o meu pai imediatamente. Precisava mostrar o exame a ele.

Logo que bateu o olho no resultado, ele disse: "Sua filha está correndo risco de morte".

Aquela frase ficou ecoando na minha mente até que eu conseguisse assimilá-la. Risco de morte? Ela só tinha 11 anos. Não podia morrer. Uma criança de 11 anos não corre risco de morte. Isso não existe! Uma criança no máximo cai jogando bola, se rala brincando de pega-pega ou bate a cabeça fazendo estripulias.

Risco de morte era algo muito difícil de aceitar. Minha filha estava entre a vida e a morte? Era isso? Como eu contaria para ela? Como enfrentaríamos aquilo? Como ela reagiria? O que aconteceria conosco?

Eu só sabia que existia algo dentro da cabeça da minha menina. Uma coisa do tamanho de uma bola de tênis. Era de fácil remoção, mas estava em um lugar muito sensível. Era um tumor, mas ainda não tratávamos aquilo como um tumor. A palavra usada era "cisto". Talvez fosse mais fácil lidar com um cisto do que com um tumor. A força das palavras é algo engraçado. Para não dizer assustador.

Aquela frase ficou ecoando na minha mente até que eu conseguisse assimilá-la. Risco de morte? Ela só tinha 11 anos. Não podia morrer. Uma criança de 11 anos não corre risco de morte. Isso não existe!

Meu pai ligou imediatamente para um amigo de Ribeirão Preto e pediu para que ficássemos de malas prontas. E eu? Eu estava em estado de choque, ainda sem saber o que fazer e como contar para a Lorena. Mas logo que ela chegou de Bocaina, percebeu que tinha algo errado. A Lorena tem um faro especial para essas coisas. Tem gente que é assim, que sente antes da gente falar. E, de cara, me interrogou: "Tem alguma coisa errada. Por que você está me mandando essas mensagens?".

As mensagens cheias de corações, acompanhadas de "mamãe te ama", deixaram uma suspeita no ar. Claro, eu sempre expressava o meu amor. Toda mãe expressa. Mas é só ver o filho doente que ficamos com um enorme sentimento de culpa, pensando que não expressamos o suficiente todo o amor que sentimos.

Desde que elas eram pequenas, eu trabalhava muito. A vida sempre foi corrida. Muitas vezes, elas iam comigo para a farmácia, quando eu não tinha com quem deixá-las. Dormiam em colchõezinhos ali no chão enquanto eu fazia minhas tarefas. Mas nunca faltou amor. Mesmo nos tempos ruins.

Por um bom tempo, fiz feijoada para vender quando a gente não tinha dinheiro para nada. As duas me ajudavam e a casa se enchia de um clima especial. Enquanto uma cortava a couve, a outra cortava a linguiça. O dinheiro extra que a gente arrecadava pagava a escola e a van. Naqueles dias, com nós três reunidas na cozinha, eu entendia o que era união. O que era amor.

Mas agora minha Lorena estava com um tumor. Eu sequer havia digerido a notícia. Como diria aquilo para a minha filha? Só sei que falei sem rodeios. Eu e a Larissa estávamos em choque, mas precisávamos disfarçar.

Lorena foi informada de que tinha um cisto. Ela não sabia o que era um cisto. Ninguém tinha a dimensão real do que podia acontecer. Naquele dia, ela chorou. Era uma quinta-feira, a pior quinta-feira da minha vida. Choramos juntas, choramos separadas. Choramos por dentro, por fora e perdemos o controle das nossas emoções.

O medo tomava conta de mim, mas era hora de agir. Eu não tinha muito tempo para pensar. Liguei para a Rose – uma amiga de longa data – e pedi para ela tocar a farmácia. Assim, sem produtos em estoque, sem dinheiro, sem nada. Se ela não pudesse fazer isso para mim, eu teria que fechar as portas. Simples assim. Quando a gente entende o que é problema de verdade, as coisas mudam de figura. O trabalho, o dinheiro, tudo fica em segundo plano.

Quando a gente entende o que é problema de verdade, as coisas mudam de figura. O trabalho, o dinheiro, tudo fica em segundo plano.

Fomos para Ribeirão no dia seguinte e lá encontramos os médicos que fariam a cirurgia. De cara, refizeram todos os exames. Em um piscar de olhos, marcamos a cirurgia como se marca um compromisso inadiável.

O diagnóstico foi feito no dia 5, ela internou no dia 7 e operou no dia 9. Não deu nem tempo de sentir as emoções de verdade. Um turbilhão delas. Tínhamos que pensar na Lorena. Na Larissa. E nas probabilidades. Sim, ela poderia morrer. Então eu entreguei tudo nas mãos de Deus. Decidi acreditar que ela viveria. Sem me ajoelhar nem nada, chorei com o coração sangrando de dor e tive um papo sério com Deus: "Senhor, minha filha está aqui. Entrego-a em Tuas mãos. Seja feita a Tua vontade".

Eu olhava as placas do hospital e sentia um frio na espinha. As palavras "oncologia" e "câncer" me davam vertigem. Pensava no que estava fazendo ali. Minha filha tinha apenas 11 anos. E eu via aquilo como um bicho-papão. A palavra "câncer" era muito forte.

Falar "tumor" era uma coisa muito estranha, e imaginar minha filha careca era simplesmente inconcebível. Quando as mocinhas de chapéu passavam por mim no hospital, eu nem cogitava a hipótese de ver a Lorena daquele jeito um dia, sem cabelo nenhum.

A cirurgia foi um sucesso. Só que, antes de comemorarmos, veio a outra bomba: ela tinha apresentado um quadro de mutismo cerebelar. Na prática, tinha perdido todos os movimentos e não podia falar.

Quando a vi frágil, imóvel, com a cabeça virada, pensei que fosse perder todas as minhas forças. Recuei. Eu precisava passar força para ela. Precisava fazê-la acreditar. Mas eu precisava acreditar também. Uma espécie de pânico me dominou por completo quando ouvi as palavras dos médicos, acompanhados pelo psicólogo quando foram me dar a notícia: "tumor maligno".

Eu estava diante dos doutores falando sobre a biópsia, e vinha aquela palavra em minha mente. Aquela palavra proibida: *maligno*! Eu escutava tudo enviesado e tentava raciocinar enquanto me diziam que o tumor era grau 4 e que 99% tinha sido retirado.

Os médicos explicaram que ela voltaria a falar e a andar. Mas não podiam dizer quando.

Aí ela ficou nesse quadro de mutismo cerebelar – que não era uma sequela, mas uma disfunção – e eu comecei a administrar a vida do jeito que ela era. A radioterapia começaria em vinte dias e seria feita em duas etapas, para que pegasse todo o eixo central da coluna.

Os médicos avisaram que precisaríamos nos mudar para Ribeirão, já que a Lorena faria radioterapia todos os dias. Assim, fomos nos ajustando à nossa nova rotina, que já tinha virado de ponta-cabeça.

Aqueles 25 dias em que a Lorena ficou internada não foram fáceis. Ela não falava, não se mexia. Era praticamente um bebê. Mas eu tinha esperança. **Eu sabia que ela voltaria a sorrir, a falar, a andar. E mesmo que não acontecesse nada disso, o meu amor de mãe se derramava por ela. Eu continuaria amando-a da mesma maneira. Ela continuaria sendo a pequena Lorena. Eu só queria que ela fosse feliz.**

Como ela não conseguia se comunicar, ela gritava. E eu ficava ali, tentando interpretar aqueles gritos. As pernas dela viviam roxas. Como não tinha controle dos membros, ela se batia o tempo todo. Foram dias terríveis. Mas, apesar de tudo, eu estava grata por minha filha estar viva. Tinha certeza de que aquela era uma tempestade passageira.

Com a ajuda da fonoaudióloga, Renata, ela passou a dizer "sim" com a língua. Mas, apesar de todo o tratamento, foi o amor que fez com que Lorena mudasse por completo. E foi com a irmã, Larissa, que Lorena aprendeu a se comunicar por sinais.

Lidar com o sentimento de frustração da Larissa logo que foi notificada de tudo e ao ver sua irmã depois da cirurgia foi um capítulo à parte. Assim que viu Lorena sem expressão facial, sem mexer os olhos, com a cabeça jogada de lado e nenhum movimento no corpo, ela ficou revoltada. Não podia acreditar no que estava vendo. Sua revolta saiu pela boca, pelo corpo. Pelas lágrimas.

Acho que a linguagem do amor fala mais que qualquer idioma que possamos aprender na vida. E foi esse idioma que elas passaram a falar a partir do momento em que se viram naquele dia no hospital.

> **Assim que viu Lorena sem expressão facial, sem mexer os olhos, com a cabeça jogada de lado e nenhum movimento no corpo, ela ficou revoltada. Não podia acreditar no que estava vendo.**

No segundo dia em que Larissa foi visitá-la, Lorena sorriu. Ela foi fundamental na melhora da irmã, a peça-chave e essencial para tudo o que estava por vir. Ninguém sabe como a Lorena conseguiu dar aquele sorriso, mas foi ele que nos deu esperanças. E foi por Larissa, que queria do fundo do coração ter a irmã de volta, que Lorena reagiu pela primeira vez.

Quem as conhecia antes percebe bem o elo que se estabeleceu entre as duas após o ocorrido. Lorena e Larissa, como muitas irmãs, eram feito cão e gato: elas quase se matavam e não passavam um dia sequer sem brigar.

Na praia, dias antes de descobrirmos efetivamente o tumor na cabeça da Lorena, elas saíram no tapa. E a Larissa deu um peteleco na cabeça da irmã. De leve, mas o suficiente para gerar culpa em seu coraçãozinho generoso.

Os dias foram se passando e tivemos que nos adaptar a muita coisa – a primeira foi a mudança para a casa de apoio. Como a Lorena ia de maca e ainda nem conseguia se sentar, era tudo muito complexo. E só tínhamos uma à outra.

Era um daqueles momentos da vida dos quais não dá para fugir. Não dá para fechar os olhos e esperar passar. Nós tínhamos que enfrentar. Para isso, tentávamos olhar tudo com bom humor. Nunca vi a Larissa desenvolver tanto o seu lado engraçado. Seu objetivo de vida passou a ser ver sua irmã sorrir. Para aliviar a dor, uma tentava arrancar um sorriso da outra, e meu coração se enchia de amor ao ver duas filhas tão especiais, unidas no propósito da cura da Lorena.

Até hoje, vez ou outra, quando elas dormem na minha cama, às vezes acordo, lembrando de tudo o que já passamos, e me emociono. Se não fosse a dedicação e o empenho da Larissa, e a boa vontade e a paciência da Lorena, jamais teríamos conseguido.

As pessoas dizem que sou forte. Mas a verdade é que eu tive que aprender a ser forte. Minha força sempre veio das minhas filhas. Nessas horas, quando a gente estava dentro da ambulância, carregando a Lorena na maca e brincando de falar coisas engraçadas, eu agradecia a Deus pela família maravilhosa que tenho. Pela sabedoria daquelas crianças que, com tão pouco tempo de vida, já me ensinavam tanto.

Quando vejo a capacidade de superação delas, o jeito como enfrentam o mundo e como colocam a cara a tapa na internet, sem medo de críticas, me encho de orgulho. É como se aquela sensação de missão cumprida começasse a me deixar confortável e as coisas fizessem mais sentido.

Na casa de apoio, tudo era complicado. Não conhecíamos quase ninguém e tínhamos que lidar com todos os tipos de dificuldades. Depois de 45 dias, Lorena falou. Falou! Não era um sussurro ou um grito. Era como um bebê, aprendendo a falar e a se comunicar com o mundo. Colocando a voz para fora.

Eu me sentia mãe de um neném que precisava de todos os cuidados possíveis e imagináveis. Escovava seus dentes, dava papinha na boca, tentava animá-la. Um dia após o outro. Deixei de trabalhar e esqueci quem eu era.

Nessa época, ela emagreceu nove quilos. Vê-la assim, frágil, era muito difícil. E eu me perguntava de onde vinha a força dela. Hoje, observando a Francine – fisioterapeuta que cuida dela há um ano –, na tentativa de segurá-la para que fique de pé, percebo o quanto avançamos desde o dia em que ouvi que ela ficaria um bom tempo sem se movimentar.

A primeira vez que a Larissa viu a Lorena, achou que teria "uma irmã retardada". E disse essas palavras, assim desse jeito, na frente da Lorena, que não deixou esse detalhe escapar. Enquanto estou aqui relembrando o passado, fico atenta aos mínimos movimentos da minha filha bem na minha frente. Observo suas pequenas conquistas, mas também seus medos. Como quando ela pergunta se achamos que está vesga. Ou quando reclama que seu ouvido apita de vez em quando.

Olhar para a Lorena ainda é um milagre. Mas sei que, para Deus, nada é impossível. Quem a visse na cama, sem mexer o olho, sem conseguir mover um músculo do rosto, jamais apostaria que ela teria hoje um canal na internet.

A Lorena, para mim e para tantas pessoas que a seguem – seja para rir, chorar, se inspirar ou porque ela realmente tem esse carisma inacreditável – é um símbolo de superação. Ela é uma menina inspiradora, guerreira, lutadora, que nunca deixou de sorrir e de celebrar a vida.

Se, por um segundo qualquer, tenho a tentação de lembrar como ela era antes da doença, agradeço por termos descoberto o tumor a tempo. Todos os dias comemoramos uma pequena vitória diferente. Primeiro, foi o sorriso; depois, os movimentos dos dedos.

Eu agradeço à Larissa até hoje. Porque crescer assim, nesse ritmo, enfrentando o que enfrentamos, não foi nada fácil. Larissa aguentou maus bocados. Sem seu apoio, suspeito que a Lorena não teria reagido tão bem ao tratamento. Era como se cada uma de nós estivesse cumprindo um papel. Todas eram peças-chave do funcionamento da engrenagem, que nunca podia parar.

Até que descobri uma das partes mais difíceis do tratamento contra o câncer: quando os cabelos começam a cair. Por mais que as pessoas digam que é normal – e eu também diria a cada uma delas se não tivesse passado por isso com a Lorena –, quando é o seu filho, tudo muda de figura. Cada tufo de cabelo que eu via cair, eu pegava e enfiava no bolso desesperadamente. Como se me agarrar a isso pudesse resolver alguma coisa.

Meus bolsos viviam cheios do cabelo da Lorena. Era muito duro ver minha filha enfrentando aquilo. Eu tentava controlar tudo para que a Lorena não sofresse. Mas não teve jeito. Tivemos que chamar a Cidinha em casa e cortar o cabelo dela. Foi uma das decisões mais difíceis de todo o processo. E, assim, Lorena passou a ter o cabelo bem curto e ralo, até se tornar careca.

Foi o ano mais turbulento da minha vida. Mesmo quando eu ria, quando minha filha começava a mexer o ombro inventando uma "dança do ombrinho", eu sofria por dentro com outras questões. Mas vê-la sorrindo, escancarando os dentes, era a maior recompensa que eu poderia esperar.

O dia em que ela conseguiu se sentar foi uma vitória. Até peguei a máquina fotográfica para registrar o momento. Era uma emoção tão grande que mal podia me conter; meu coração palpitava acelerado no peito. Ainda estávamos morando em Ribeirão, na casa de apoio. A Larissa tinha sido liberada da escola para ir conosco. Foi difícil para as meninas ficarem longe de casa, então optamos por sair todos os dias de Jaú às 5h30 da manhã e voltar no final do dia.

Para tudo o que fazíamos, por mais difícil que fosse, tínhamos um código de conduta: deveríamos manter o bom humor. Criamos esse código sem nem precisar falar sobre ele. Foi instintivo. Sabíamos que isso fazia bem não só para a Lorena. Era vital que encontrássemos motivos para sorrir. A vida estava sendo cruel demais conosco e, para suportar esse peso, tínhamos que ser leves.

> **A vida estava sendo cruel demais conosco e, para suportar esse peso, tínhamos que ser leves.**

A leveza, a coragem, o amor e a gratidão por cada dia foram fundamentais. Ah, o humor e a alegria... esses eram os responsáveis por levantarmos todas as manhãs. Eu e a Larissa aprontávamos de tudo no hospital para fazer a Lorena sorrir. Era como se o sorriso dela nos alimentasse com a força necessária para seguirmos adiante.

Nesse período em que fiquei sem trabalhar, minha situação financeira ficou muito ruim. Mas Deus nos envia anjos o tempo todo, e minhas amigas se uniram para conseguir o que precisávamos.

Algumas vezes, íamos para Ribeirão sem ter um real no bolso para comprar comida. Minhas filhas precisavam de roupas, e eu não sabia de onde tirar dinheiro. Então eu chegava em Jaú, passava na farmácia e dava de cara com sacolas arrecadadas pelas minhas amigas, que até hoje nos ajudam a lidar com a situação.

Sem carro para levar minha filha para os tratamentos e para a fisioterapia, tive que aprender muita coisa – principalmente a pedir e a aceitar ajuda. São minhas amigas que nos levam e buscam na clínica, e a ambulância ainda nos pega em casa e nos leva para Ribeirão.

É difícil dizer para um filho que você não pode comprar algo que ele queira comer. Só quem é mãe sabe como dói. A Lorena era um caso sério. Como tinha perdido muito peso e ficava muito enjoada por causa do tratamento, quando ela tinha fome, eu ficava doida atrás do que ela queria, mesmo que não tivesse dinheiro para comprar.

Nesse quesito, minhas amigas também se uniram de tal maneira que nunca nos faltou nada. Se ela quisesse um amendoim, aparecia alguém com um saquinho de amendoim. Se ela quisesse um chocolate branco, apareciam três amigas com uma sacola cheia de chocolate branco.

Contei com a generosidade de pessoas que vou guardar eternamente dentro do meu coração. Hoje percebo mais do que nunca a importância de ter amigos verdadeiros, que estão ao seu lado na saúde e na doença.

Algumas vezes, sem ter um centavo para nada, coloquei a mão na cabeça e perguntei: "Meu Deus, e agora?". Quando ficava atordoada com questões básicas, como não ter dinheiro para comprar sabão em pó, minhas amigas surgiam com cestas básicas, material de limpeza e tudo o que eu precisava. Eram anjos enviados por Deus. Por isso, nunca perdi a esperança.

Sei que vou até o fim e até onde isso tudo exigir de mim. No meio do caminho, algumas pessoas nos acusaram e até nos humilharam, achando que a Lorena construiu o canal querendo fama. Outras vieram me sondar para saber se eu estava falida. Nesses dias, eu me enfiava nos fundos da farmácia e chorava. Chorava e pedia que Deus me enviasse uma solução. E Ele sempre tem uma solução, mesmo quando nossa fé vacila.

Uma vez, acordei e disse para a Rose, a amiga que me ajuda com a farmácia, que alguém bem que poderia aparecer com cem reais. Rimos, porque só o bom humor salva, e fui para casa. Para o meu espanto, encontrei um envelope da minha amiga Mônica contendo duzentos reais. Ela tinha feito uma arrecadação entre amigos.

Por isso eu digo que quem resolve tudo na minha vida é Deus. Quando minha mãe faleceu, ficamos com algumas coisinhas dela – colchão, penteadeira e umas bolsinhas que ela guardava.

Certa tarde, a Lorena queria comer peixe. Nós não podíamos nos dar ao luxo de comprar peixe, porque não tínhamos grana nem para pagar a escola. Foi quando peguei uma das bolsinhas da minha mãe e encontrei cem reais lá dentro, assim, do nada.

Às vezes, quando preciso pagar uma conta, a Rose fala: "Espera, confia que vai vir". E tudo que eu faço é entregar nas mãos de Deus e confiar. A Lorena já tem essa convicção, essa fé, essa esperança na vida. Estamos nessa juntas. Por mais que a gente encontre dificuldades, como ter que ir até Ribeirão para fazer a quimioterapia e muitas vezes não encontrar o remédio que minha filha precisa, sei que vamos sair dessa juntas. Sei que Deus está olhando por nós.

A vida é uma intensa e divertida brincadeira. Às vezes, ela nos prega peças. Mas temos que nos manter firmes. Temos que caminhar sempre adiante, sem ter medo. Porque a esperança é o alimento da alma e, sem ela, nada cresce. O amor de um filho é algo que não pode ser mensurado. E o amor de uma mãe é tão forte que pode transformar tudo.

Todos nós temos nossa cota de sofrimento e decepções. Mas acho que vamos passando por tudo isso para sermos capazes de enxergar o que é realmente importante. A fé é tudo que temos para vencer os obstáculos, e eu tenho certeza de que ela foi a responsável por tantas bênçãos em nossa vida.

A vida por si só é um milagre a ser celebrado. Quando se tem em casa dois anjos iluminados como a Lorena e a Larissa, provando que Deus existe e me mostrando que o amor é o único caminho para a cura, percebo como sou abençoada.

> Certa tarde, a Lorena queria comer peixe. Mas nós não podíamos nos dar ao luxo de comprar peixe, porque não tínhamos grana nem para pagar a escola. Foi quando peguei uma das bolsinhas da minha mãe e encontrei cem reais lá dentro, assim, do nada.

Às vezes, somos ingratos e não vemos as bênçãos ao nosso redor. Às vezes, a dureza do dia a dia nos consome. Mas agradeça sempre. Quanto mais agradecer, mais milagres surgirão, e você vai se espantar com a força que você mesmo tem. Digo por experiência própria.

A frase "Deus proverá" nunca me foi tão verdadeira. Mesmo sem trabalhar, me dedicando exclusivamente à Lorena, nunca passamos fome. Sempre fomos abençoadas por pessoas que apareceram em nossas vidas como anjos celestiais, nos presenteando com sua generosidade.

Desejo que o caminho das minhas filhas continue sendo guiado pelo amor. E que o exemplo da Lorena possa inspirar muitas vidas.

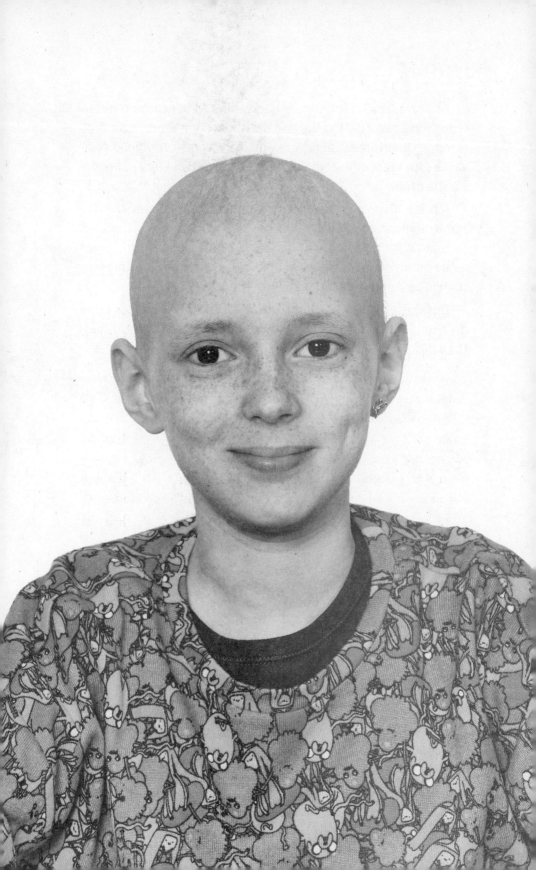

Por que resolvi escrever este livro?

Olá, carecas e cabeludos!

Eu tô aqui agora pra escrever, que é um pouco diferente de falar na frente da câmera. Sou meio nova pra contar minha história e fazer um livro, e eu sei disso. Então, por que escrevi um livro?

A verdade é que muita gente me pergunta sobre a minha vida nas redes sociais e quer entender os detalhes do que eu vivi. E logo no comecinho, quando soltei o primeiro vídeo, a Marcia Batista ficou emocionada com a história e entrou em contato com minha mãe. Aceitei o desafio pois percebi que minha história inspirou muitas pessoas e poderia impactar a vida de muita gente. Então por que não passar uma mensagem positiva para quem está precisando, né?

Se eu não imaginava que o meu canal teria tantos milhões de seguidores, também não achava que alguém fosse comprar o meu livro. Mas por algum motivo as pessoas estão curiosas sobre o que eu tenho pra dizer. Passei por umas coisinhas que a maioria das meninas de 12 anos não passaram, então acho que é por isso que querem que eu conte a minha vida.

Então vou escrever umas coisas sobre mim. Vou falar do que eu gosto, do que não gosto. Como eu era antes do câncer, como tudo aconteceu. Como foi depois. Já que vocês me conheceram na internet, agora podem ler sobre algumas coisas que não sabem ainda.

Essa coisa de "carecas e cabeludos" começou quando minha mãe e minha irmã passaram a me chamar de "carequinha linda", e eu gostei. Daí, comecei a chamar as pessoas desse jeito e pegou. O nome disso é "bordão". Nem sabia que no YouTube as pessoas tinham um bordão.

Eu escrevo meio devagar, e falo assim também. Mas vou falar disso depois. Por enquanto, tenham paciência. Olha só, pra vocês não se perderem, vou contar a minha história todinha, do começo ao fim (hahaha, como se 12 anos fossem muita coisa, né?). Vou contar como eu era antes de tudo, quando ainda era criança. Como as coisas aconteceram de um jeito meio rápido e o que senti nesse tempo todo.

Essa é a minha vida, tá, gente? Se você gostar, nem tem como dar um like (hahaha), mas se não curtir, não tem problema. Só espero que cada um leve uma mensagem boa desse livro.

Eu não tenho vergonha nenhuma de ser diferente. Gosto de ser do jeitinho que eu sou. Acho que este livro vai ser bom também pra quem tem medo de ser diferente. Pras pessoas entenderem que é legal ser quem você é. Às vezes, a gente se chateia um pouco com o que as pessoas falam, é normal. Acho que todo mundo tem coração e por isso fica chateado, não acham?

Queria ser amiga de todo mundo que me segue. Muita gente me conta a vida toda – e por isso eu também quero contar um pouco da minha vida. Recebo mensagens muito boas que me fazem viver melhor. Mensagens de gente de perto e de longe que me dizem o que sentem quando me veem. Gente que lembra da filha que faleceu e que queria ter de volta, da dor que sentiu ou sente. Do frio na barriga depois de ficar sabendo de um câncer.

Eu nunca usei o câncer pra me promover. Odeio que digam isso. Ninguém escolhe ter câncer. Ainda mais com 11 anos! Eu podia estar fazendo muita coisa, tipo passeando no shopping, jogando bola ou andando de skate. Podia estar correndo. Mas estou numa cadeira de rodas tentando passar o tempo enquanto não volto a andar.

Eu nunca usei o câncer pra me promover. Odeio que digam isso. Ninguém escolhe ter câncer. Ainda mais com 11 anos!

Não me julgue se você não me conhece. Acho que a gente não deve julgar as pessoas nem quando as conhece, mas principalmente se a gente não sabe nada da história delas. É difícil acordar de manhã e ver um monte de estranhos na sua página te detonando. Acham que eu fico feliz com isso?

Eu fico triste de verdade quando as pessoas me atacam.

Eu sou normal. Dou risada, mas choro também. Eu fico triste de verdade quando as pessoas me atacam. Não sou de mentira. Por isso, aqui no livro vou contar tudo que sinto e senti. Tudo que passei nos dias bons e ruins.

Aí, quem quiser xingar que xingue, mas eu quero mesmo é que todo mundo seja feliz. Quero ver as pessoas entendendo que a vida é curta demais pra perder tempo com bobagens. Tem gente que perde tempo com muita bobagem. E aqui eu quero começar falando de coisa boa. De como eu era na infância. Quem era essa Lorena meio doida? Hahahaha!

As perguntas que chegam pelas redes sociais são muitas, mas eu selecionei as que sempre aparecem e vou responder. Não acho que eu seja mais especial do que ninguém. Nem que eu precise promover meu canal falando de uma doença que tive e da qual, mesmo que ainda em tratamento, já estou curada. Mas também não acho que a gente pode deixar a nossa história pra trás. Eu tenho uma história, você tem a sua história. E cada um tem uma missão. Vou falar muito disso aqui, porque acredito muito mesmo em missão. Mas isso é tema pra depois.

Obrigada, você que leu até aqui. Vai na fé que tem coisa boa mais pra frente. Espero que meus carecas e cabeludos gostem. Se não gostarem, não posso fazer nada. Essa sou eu de verdade.

Eu queria que todo mundo lesse esse livro e seguisse seu sonho. Entendesse que a vida passa rápido demais pra gente não sorrir. Vivesse cada dia com mais amor e vontade de ser melhor.

Quando consigo fazer qualquer movimento, é uma vitória. E eu me sinto vitoriosa só de poder contar algumas coisas pelas quais passei. Tem muita gente que passa por problemas bobos e depois fica de mal com a vida.

Algumas pessoas me falam que mudaram a vida depois de assistir aos meus vídeos. Eu acho isso muito forte. Nem sei como um vídeo pode mudar a vida de alguém. Mas se for pra mudar, que seja pra melhor. Quero que a sua vida mude sim, se for pra melhor. Se for pra te deixar mais feliz.

Quero que a sua vida mude sim, se for pra melhor. Se for pra te deixar mais feliz.

Eu não tenho medo de falar o que penso. Ninguém me fala o que dizer. Por isso é até mais fácil. Se eu fosse gravar cada vídeo pensando no que as pessoas iam achar, já imaginou? Se eu fosse escrever aqui cada palavra preocupada com o que cada um ia falar de mim, já pensou?

Eu não tenho que agradar ninguém. E isso é bom. Acho que ninguém precisa agradar ninguém. Tem que ter respeito. Mas não precisa fazer o que o outro quer.

Então vamos lá. O papo tá bom, mas senta que lá vem história. É uma história pequena, mas é a história da minha vida. Se gostar, compartilhe com os amigos. Coisa bacana a gente compartilha, divulga, dá de presente e diz pra todo mundo que é legal. Se for ruim, enfie o livro numa gaveta cheia de tralhas e não olhe mais pra ele. Mas saiba que fiz tudo de coração, tá?

Só quero que você seja feliz como eu sou. E sorria.

Um beijo, cabeludos!

Uma criança comum

Minha infância foi a de uma criança normal. Quer dizer... normal naquelas, né? Eu era uma pirralha. Uma pentelha. Uma menininha irritante de verdade. Daquelas que querem as coisas na hora, sabe? Você deve conhecer esse tipo. Na sua família deve ter alguma criança assim, dessas que acham que podem fazer o que querem.

Minha irmã diz que eu era uma menininha mimada. Talvez seja essa a palavra. Eu não sei muito bem o que é. Eu não era daquelas chatinhas que se jogam no chão fazendo pirraça, mas quando eu queria uma coisa, ficava pentelhando as pessoas até conseguir.

Essa era a Lorena. Quando criança, eu adorava brincar na rua. Como nasci em Jaú, no interior de São Paulo, era bom brincar na rua e dava pra fazer isso porque aqui não tem tanto carro passando. Acho que nem toda cidade é assim, que pena. Enfim...

O bom de Jaú é que é uma cidade pequena. O ruim é que, como em toda cidade pequena, todo mundo sabe da sua vida. Sabe de tudo mesmo. E se não sabe, inventa. O povo gosta de falar e de cuidar da vida dos outros. Seja em cidade pequena, seja na internet.

Mas vamos falar da minha infância. A Larissa é três anos mais velha do que eu. Todo mundo fala que ela morria de ciúmes, mas eu não me lembro disso. Nem ela. Minha mãe se separou do meu pai logo nessa época, quando eu ainda era bem pequena. Ela trabalhava muito na farmácia. Como ela disse lá no começo do livro, ela é farmacêutica. Como a farmácia é aqui perto de casa, desde pequenas vivíamos entre nossa casa e a farmácia. Tinha um colchãozinho pra gente dormir lá quando desse sono. E assim fomos crescendo.

Entrei na escola cedo, com 1 ano e meio. Minha mãe tinha que trabalhar, e eu e a Larissa ficávamos na escola. Eu não gostava muito, mas me acostumei. Lembro que quando a van vinha buscar a gente, eu me escondia. Depois virou um ritual. Uma vez, me escondi tão bem que minha mãe quase chamou a polícia pra dizer que a filha tava desaparecida.

Fui crescendo com aqueles medos de criança. Tipo medo de Papai Noel. Aliás, será que tem alguma criança que gosta de Papai Noel? Eu não gostava. Tinha medo. E quando chegava perto do Natal e tínhamos que ir lá e tirar foto com aquele velhinho todo vestido de vermelho e com uma barba colada na cara, eu chorava. Lembro até hoje da sensação que eu sentia quando via o velhinho. Eu gostava de ganhar presentes. Quem não gosta, né? Mas não curtia muito chegar perto dele. Hahaha!

Fora isso, eu era uma menina normal. Ou melhor, diferente. Difícil me definir, né? Gostava de festas em casa. Minha mãe sempre foi dessas que preferem levar as pessoas pra nossa casa ao invés de deixar a gente na casa dos outros. Então, minha casa sempre foi cheia de amigos. Às vezes, as pessoas dormiam aqui. As festas em casa sempre foram bem gostosas.

O engraçado é que pra ter festa em casa não precisava de nada, só de gente. Às vezes, tinha só refrigerante e bolo e a gente já chamava de festa. Porque festa é isso: reunir pessoas, ter amigos pra conversar. Não é só ter comida diferente pra servir. Ou estar num lugar ultrabonito.

Minha casa sempre foi simples, mas sempre foi a minha casa. Sabe aquela impressão de que não tem lugar melhor no mundo que a nossa casa? Então, eu sinto isso. Minha casa pode ter a pintura descascada, as telhas caindo, o chão quebrado, as janelas e vidros enguiçados. Mas é a minha casa. E eu sou feliz nela.

Aqui em casa tem uma coisa que eu só encontro aqui, que é amor. Desde pequena eu sinto isso, e hoje sinto ainda mais. Tem tanto amor nessa casa que ela até treme quando minha mãe chega, quando minha irmã me olha. Mas até a gente perceber o que é isso leva um tempo. A pirralha que eu era não dava muito espaço pro amor. Principalmente pro amor entre irmãs.

Eu e a Larissa brigávamos bastante. Claro que tinha dias que a gente conversava, mas era meio difícil. Ela me achava uma chatinha. Eu era menor. E sempre queria fazer parte da turma dela, que nem toda irmã mais nova. A gente andava em turmas na rua e era muito legal. Fomos crescendo e ganhando amigos.

Eu era pequena, um pouco rechonchuda e tinha o cabelo comprido. Algumas sardinhas no rosto e uma cara de sapeca. E por incrível que pareça, não gostava de brincar de boneca. [Como assim, Lorena? Você não gostava de brincar de boneca?] Não, gente! Inclusive tem uma boneca no meu quarto, e todo mundo que entra nele me pergunta se era a minha preferida. Mas vou contar a verdade pra vocês: eu ganhei e nunca brinquei com ela.

Eu era mais moleca. Jogava bola, andava de skate, brincava de queimada. Essas eram minhas brincadeiras favoritas. Já as minhas amigas brincavam de Polly. Você acredita? Ficava eu andando de skate e elas brincando de Polly. Essa era eu. Acho que isso de brinquedo de menina ou de menino não existe. Cada um tem mais é que brincar do que quiser, isso sim.

Acho que isso de brinquedo de menina ou de menino não existe. Cada um tem mais é que brincar do que quiser, isso sim.

Na escola, eu era bem bagunceira. De aprontar, de ser mandada pra fora da sala. De fazer pegadinha com todo mundo. Quem me conhecia, sabia que eu aprontava de verdade. Não por maldade. Nunca fiz uma maldade pra ninguém. Era de brincadeira mesmo. Só pra tirar um sarro das pessoas e dar risada. Acho que sempre gostei de dar risada.

O pessoal da escola sempre foi bem unido. Acho que por isso eu me sinto segura por lá. Eles me acolheram desde o primeiro minuto em que souberam da doença, e depois continuaram me dando a maior força. Isso me deu garra pra continuar. É legal ter amigos, e é bem mais legal quando nossos amigos não olham pra gente com cara de "Vixe, coitada dessa daí", ou falam alguma coisa que a gente não gosta.

Das aulas, a que eu mais prestava atenção era a de ciências. Como eu gostava dessa matéria… e ainda gosto! Se você me perguntar o porquê, eu não sei responder. Só sei que gosto.

Imagina essa pessoa resolvendo andar de skate? Pois é. Um dia eu cismei que queria aprender a andar de skate. Como não tinha ninguém pra me ensinar, o que eu fiz? Comecei a ver vídeos na internet – vídeos de skate e de pessoas que ensinavam a andar de skate.

A turma da escola sempre foi bem unida. Acho que por isso eu me sinto segura por lá. Eles me acolheram desde o primeiro minuto em que souberam da doença, e depois continuaram me dando a maior força.

E aí comecei a fazer manobras, a andar sozinha, até tive vontade de ter um canal sobre skate. Mas eu tinha muita vergonha. Achava que eu falava estranho (olha aí que ironia do destino, hahaha!), que não ficava bem na câmera e que não ia conseguir ensinar o que eu queria. Até que um dia liguei meu computador e tentei. Gravei um vídeo e postei.

Postar o primeiro vídeo foi uma sensação que eu nunca vou esquecer. Fiquei insegura. Fiquei com medo. Mas desliguei o computador e fui fazer outra coisa. Não sabia o que fazer, nem como fazer, e comecei a desanimar porque via que tinha gente que entrava só pra criticar.

O número de likes era pouco, então eu me desmotivei. Mas sabe quando você quer muito fazer uma coisa e para de fazer porque não aconteceu do jeito que você esperava? Então, o primeiro vídeo foi bem assim. Até hoje não sei se foi a minha falta de coragem que fez com que eu parasse. Ia ser horrível continuar e ter medo do que as pessoas iam falar de mim. Hoje eu vejo que era uma bobagem. Mas precisa de tempo pra gente ver isso. Demora pra gente perceber como nosso medo não tem nada a ver com nada.

Na infância, não tive grandes fatos que marcaram a minha vida. Ah, não. Tive sim: uma vez, estava comendo e botei dois salames na boca e engasguei. Nossa, foi horrível. Você já engasgou? Você sente que nunca mais vai conseguir respirar de novo e aquela coisa fica lá entalada e ninguém sabe. Mas não morri. Hahaha!

Bom, teve um dia que também levei um susto daqueles. Eu costumava ir com meu avô pra praia e lá tinha um parquinho flutuante. Então fui naquela boia que parece uma banana. Quando estávamos no mar, eu pulei de um lado e um menino pulou do outro. Só que, quando ele pulou, eu tava embaixo da banana, e ele empurrou com o pé sem querer e a banana ficou bem em cima de mim. Aí ficou aquela coisa: o colete me puxava pra cima e a banana me empurrava pra baixo. Eu podia ter morrido afogada. Credo!

E a história da janela quebrada? Muita gente já conhece. Todo mundo que entra na minha casa olha pra uma janela quebrada. Na verdade, é uma parte da janela que tá lá, remendada faz um tempão. Tem gente que já reparou até nos meus vídeos. Tem gente que nem percebe a tal da janela. Pois essa janela tá lá desse jeito porque tem uma história por trás.

Quando era mais nova, eu tocava bateria. Tocava bem, na verdade. Um dia, peguei a baqueta e, depois de uma briga, joguei com tudo na Larissa. Não sei por que a gente tava brigando. Briga de irmã a gente nem sempre sabe por que começa. É qualquer coisinha e de repente já estamos lá brigando. No meio da briga, eu fiquei irritada por algum motivo besta e taquei a baqueta nela. E taquei forte.

Ela tava sentadona no sofá e tomou um susto. Por sorte, teve tempo de desviar a cabeça. Só que a baqueta acertou a vidraça em cheio e a arrebentou. Minha irmã me olhou assustada, e eu também me assustei com o que tinha feito. Até hoje, nem sei por que fiz uma coisa dessas. Eu era meio nervosa, meio cheia de impulsos.

Às vezes eu tacava colher de pau ou o que tivesse na mão quando ela me provocava. A nossa briga passou e levei uma bela bronca da minha mãe, mas o vidro tá lá ainda, pra lembrar o que aconteceu com aquela Lorena que não tinha paciência pra nada. Essa janela quebrada mostra um pouco do que eu já fui.

Já fui essa criança descontrolada que jogava uma baqueta com força na cabeça da irmã sem pensar se ia machucar. E a gente sempre faz coisas que se arrepende depois, olha pra trás e pensa: "Nossa, como eu era estúpida!". O bom é que a gente cresce.

Estou com câncer, *e agora?*

Pois é. Tive câncer. Eu não gosto de ter tido câncer e nem uso a doença pra me promover ou pedir nada. Ninguém escolhe ter essa doença. Ninguém escolhe ter doença nenhuma, ainda mais uma que pode te matar. Mas eu tive. E tive que encarar mesmo.

Muita gente me pergunta os detalhes. Todo mundo quer saber o que aconteceu exatamente, o que eu sentia, essas coisas. E eu nunca disse isso, então vou dizer agora.

No vídeo do YouTube contei só alguns detalhes, já que as pessoas precisavam saber por que minha voz era daquele jeito e por que eu usava uma touca e não tinha cabelo. Só que isso virou um assunto, né?

"A menina que se curou do câncer" virou matéria em tudo quanto é lugar. Eu sou essa menina. Da noite pro dia, tava todo mundo me perguntando: O que você sentia? Como descobriu? Já está curada realmente? Era onde o tumor? Calma, gente. Vou explicar tudinho.

Um câncer na cabeça não começa assim, do nada. Se você tem um filho, presta atenção. Claro que não precisa levar a criançada toda hora no hospital pra fazer ressonância se é só uma simples dor de cabeça. Mas é preciso prestar atenção. Se seu filho reclama todo dia da mesma dor, da mesma coisa, tem que investigar pra descobrir o que é.

Eu só sentia dor de cabeça. Parecia que a minha cabeça doía inteira. Aqui, ali, em cima, do lado, atrás. Era uma coisa que começou devagar e foi só piorando. Só que eu nunca gostei muito de ir pra escola, então vivia inventando motivo pra não ir. Daí, quando eu falava que tava com dor de cabeça, todo mundo pensava que eu tava inventando aquilo só pra faltar na escola. Até que a dor começou a piorar.

Eu reclamava mesmo. Deitava e não passava. Voltava da escola e não passava. Então minha mãe percebeu que tinha mesmo alguma coisa. No começo, diagnosticaram enxaqueca. Eu vomitava e as pessoas achavam que era por causa da enxaqueca, porque a enxaqueca faz a pessoa vomitar de dor, né?

Era muita dor. A ânsia continuava, e eu tinha uma vontade louca de vomitar. E aí começou a doer outras partes do corpo. Não foi assim tão de repente, mas foi piorando bem rápido. Minha família ia seguindo o que era pra fazer. Davam remédios e tal, e os dias iam passando.

Uma vez, eu acordei com muita tontura. Era uma coisa esquisita, como se eu fosse cair. Eu não tinha como me segurar de pé e me sentia estranha. Chamei minha mãe e deitei na cama. Ia passar.

A gente nem em sonho pensa que pode ser uma coisa tão grave, né? Ninguém tem dor de cabeça e pensa: "Será que tô com um tumor?". Ou sente uma tontura e acha que é uma coisa rara, sei lá.

Ninguém tem dor de cabeça e pensa: "Será que tô com um tumor?".

A tontura ia e vinha. Eu comia e, mesmo assim, tinha tontura. Eu não sabia explicar nem como começava. Era ruim. Todo mundo já deve ter tido essa sensação de que vai cair. É que nem quando a gente fica um tempão sem comer e fica meio fraco, sabe? Só que isso acontecia a qualquer momento.

Os dias iam passando e eu nem tava preocupada. Quando ficava mal é que pensava nisso. Mas não ficava pensando o tempo todo: "O que será que eu tenho?". Nem achava que era um problema muito grande.

Aí eu comecei a ficar vesga. Vesga mesmo! Meus olhos mudavam de direção, parecia que eu ia cair, que tava enxergando tudo cruzado.

Eu via as pessoas em dobro. Então, tapava um olho pra poder enxergar direito. Era uma coisa muito louca, nem sei como explicar.

Nesse meio-tempo, meu avô chamou a gente pra ir para praia, na casa dele. Fomos todas nós: eu, minha mãe e minha irmã. Eu tava feliz da vida porque ia pra praia. Um mês antes, tinha passado férias com meu pai, que tinha me achado estranha e me levado no médico. O médico viu tudo e não encontrou nada anormal, então voltei pra casa do meu pai. Não tinha nada demais.

Eu tava crescendo, aquela coisa de ficar mocinha, e emagrecendo. Então, ninguém sabia que os sintomas eram de uma doença grave. Achavam que era algo da fase de crescimento.

Voltando à praia… Fomos pra casa do meu avô, e daí eu comecei a me queixar de água dentro do ouvido. Como eu era praticamente um peixe e vivia na piscina, minha mãe achou que tinha entrado água mesmo. E fomos levando.

Era uma loucura. Tudo ia e vinha. Os sintomas apareciam e sumiam. Até que um dia eu envesguei, coloquei a mão no olho pra poder enxergar melhor, e meu avô viu. Ele percebeu algo muito diferente ali. Se fosse qualquer outra pessoa, tudo bem. Mas ele é neurologista. Meu vô Antônio sabia das coisas. Pelo menos dessas coisas da cabeça. E ficou preocupado na hora. Ele olhou pra mim, olhou pra minha mãe e pediu pra ela me levar para fazer uma ressonância em Jaú.

Eu nem sabia o que era ressonância. Pra mim, era uma palavra nova e fiquei assustada. Minha mãe percebeu e me acalmou com aquele olhar dela de mãe. Mas percebi sua cara de preocupada. Se tinha uma coisa que ela não sabia disfarçar, era isso.

Só que não era pra fazer a tal da ressonância no mês ou no ano seguinte. Era tipo pra já. Pra ontem. Ou melhor, foi no dia seguinte. A gente foi pra Jaú fazer os exames meio com pressa. Meu vô tinha deixado bem claro pra minha mãe que era pra fazer com urgência. Eu achava aquilo tudo muito estranho. O que a ressonância ia dizer de tão especial?

Foi um saco. Quando chegamos em Jaú, fomos fazer o exame no local indicado pelo meu avô e eu tava entediada. Não queria perder as férias. Minha mãe percebeu e me deixou voltar com um amigo pra Bocaina. Enquanto isso, ela ficou em Jaú esperando o resultado.

Na minha cabeça, não ia dar nada errado. Só que, quando eu tava em Bocaina, comecei a receber umas mensagens estranhas da minha mãe. A gente sabe o que as mães costumam falar no Whatsapp: "Não esquece a blusa", "Vai chover", "Está se divertindo?", e por aí vai. Mas, de repente, ela começou a mandar muitas mensagens... Era muito beijinho, coraçãozinho. Muito "te amo". Ela falando que ia ficar tudo bem. Mas o que ia ficar bem?

Daí entendi que tinha alguma coisa bem estranha, porque ela não era disso. Ela era carinhosa, mas não era de ficar puxando meu saco de minuto em minuto. Se tem uma coisa que a gente conhece, é nossa mãe.

Eu voltei de Bocaina. Estava me sentindo daquele jeito – uma hora com dor de cabeça, outra hora com tontura. Já tava ficando bem vesga e precisando colocar a mão no olho pra enxergar direito cada vez mais.

Não dá pra explicar o que eu senti quando cheguei em casa. Tinha alguma coisa estranha no ar. A minha mãe tava tentando segurar um choro. Ela não precisou dizer nada. Só falou que a gente ia viajar no dia seguinte, que as malas estavam prontas e que a gente precisava ir pra Ribeirão Preto, pois o resultado da ressonância tinha chegado.

Tinha chegado? Como assim? O que tava escrito? Então fui direto ao ponto: "Mãe, eu tenho um câncer na cabeça, né?". Ela me olhou e falou que era um cisto. Cisto, beleza. Mas o que é cisto? Não é aquela coisa que fica no olho da gente quando venta? Eu fiquei apavorada.

Então fui direto ao ponto: "Mãe, eu tenho um câncer na cabeça, né?".

Não saber o que vai acontecer é muito difícil. Agora, não saber e ainda ter medo é pior ainda. Naquele dia, eu não sabia de nada e estava sentindo medo pra caramba. Eu chorava que nem um bebê. A notícia de que eu ia ter que ir pro hospital já era um sinal de que eu não tava nada bem. E se a gente precisava fazer aquilo assim correndo é porque podia piorar.

Não saber o que vai acontecer é muito difícil. Agora, não saber e ainda ter medo é pior ainda.

Abracei a minha mãe, morrendo de medo. Não dá pra dizer que a gente consegue ficar tranquilo, é impossível. É um terror que toma conta da gente quando uma notícia assim aparece. Ainda mais quando se tem 11 anos. Eu tava ali, mas não tava.

Minha mãe fez as malas e largou a farmácia, seu trabalho, com tudo pronto pra gente ir pra Ribeirão de uma hora pra outra. Fiquei sentada, chorando e pensando no que ia acontecer. Foi um dia meio difícil. Chatinho. Desses que marcam um "antes e depois". Daquele dia em diante, eu não seria mais a mesma. Ainda não sabia disso, mas sentia alguma coisa diferente.

Como falamos no Facebook, era uma "daquelas coisas que não dá pra explicar, só sentir". Mas pelo lado ruim, nesse caso. Não era uma sensação nada boa. Quem pode ter uma sensação boa quando descobre que vai operar a cabeça? É meio estranho, surreal. Dá um aperto no estômago.

Eu chorei e continuei chorando. Chorei de medo, sem saber o que ia acontecer comigo. E vi minha irmã de um jeito que eu nunca tinha visto antes. Ela tava revoltada, chorando esquisito. Depois, ela me contou que, naquele dia, foi lá fora, olhou pro céu e pediu pra Deus que a levasse no meu lugar. "Se for pra levar alguém dessa família, me leva", ela disse baixinho.

Não imagino um amor maior que esse, quando você é capaz de dar a vida por alguém. É raro, muito difícil de acontecer. Mas era sincero, eu tenho certeza disso. Quem conhece a Larissa sabe que ela não é de falar mentira. Ela é bem chocante às vezes. Ela falava que aquilo não era justo, que ela queria morrer no meu lugar, que eu não merecia sofrer.

Mas eu nem pensava em morrer. Tava com medo, mas não sabia que podia morrer. Eu não queria morrer com 11 anos. Falar de morte é complicado pra alguns, tem gente que tem muito medo de morrer. Naquele dia, eu tive. Hoje, vejo as coisas de um outro jeito.

Minha avó tinha morrido fazia pouco tempo. Aliás, minha mãe ficou muito mal com a morte da vovó. Foi uma barra. Quando aconteceu, todo mundo ficou muito triste. Era uma daquelas coisas que a gente imagina que pode acontecer um dia, mas não com a gente. Nem com gente próxima, da nossa família.

A vovó já tava bem doente. E eu sei que pode parecer estranho eu dizer isso, mas acho que foi melhor pra ela assim. Quando eu digo isso pra minha mãe, ela não sente o mesmo. Pode até concordar, mas não sente. Claro, é a mãe dela, né? Porque a vovó pode ter morrido, mas continua sendo mãe dela.

Perder alguém deve ser mesmo dolorido. Perder a mãe deve ser a coisa mais dolorosa do mundo. Por isso, quando veio a notícia da minha cirurgia, todo mundo tinha medo de me "perder". Porque a perda da vovó tinha sido difícil. Se perder alguém com a idade dela já era difícil, imagine uma pessoa da minha idade.

Todo mundo fala em "perder". E pouca gente pensa no que foi melhor para a pessoa que morreu. Na minha opinião, no caso da minha avó, logo pensei: "Se fosse pra ela estar aqui com esses tubos todos, era melhor ela ir e parar de sofrer". Acho que foi bem melhor pra ela ter morrido. Ela descansou. De que adianta uma pessoa ficar aqui sofrendo?

Um pouco antes de ela morrer, aconteceu uma parada estranha com a Larissa. Ela foi visitar a vovó no hospital e sentiu uma coisa diferente. Era uma coisa muito boa. Uma sensação daquelas difíceis de explicar.

A Lari ficou sentindo aquilo por um tempo. A minha avó tava respirando por aparelhos. Não tava ali. Aquilo era só o corpo dela.

De repente, o espelho estourou. Sozinho. Na cabeça da Lari, era como se a vovó tivesse dado um sinal. Como se ela tivesse se despedindo dela de algum jeito. Eu acredito nisso.

E acredito que a gente vai pro céu depois que morre. Aqui em casa, crescemos ouvindo esse tipo de coisa: "Se você for bonzinho, você vai pro céu. Se for malvado, vai pro inferno". O inferno deve ser muito ruim. A Larissa acha que, quando a gente morre, tem duas opções: escolher ir pro inferno (ou purgatório) ou ficar zanzando por aí que nem um zé ruela. É engraçado quando ela fala isso. Claro que deve existir alguma coisa além daquilo que a gente vê. Disso eu tenho certeza.

Minha irmã fala que crença é difícil provar. A gente acredita ou não acredita. Por isso se chama crença. Nenhuma crença é certeza. Ninguém pode provar nada, nem mesmo que Deus existe. A gente só pode acreditar. E cada um acredita no que quiser.

Mas onde eu tava mesmo? Ah, no resultado da ressonância. No dia que descobri que tinha que ir pro hospital fazer uma cirurgia. Ninguém imaginava o que vinha pela frente. Aquela noite foi de medo. Medo de morrer, medo da cirurgia, medo de muita coisa. Nós três passamos por um choque. Mas tínhamos que seguir em frente. No dia seguinte, tinha que acordar, ir pra Ribeirão e ver o que teria que ser feito.

Dormi de tanto chorar, abraçada com a minha mãe, sentindo o cheiro dela e pedindo pra Deus me salvar.

Então eu dormi. Dormi de tanto chorar, abraçada com a minha mãe, sentindo o cheiro dela e pedindo pra Deus me salvar. Pedindo pra ficar viva e continuar ali, com a minha família. Pedi que tudo desse certo, que eu ficasse boa logo. Não sabia se esse "logo" ia demorar. Sabia que muita coisa seria diferente. Então fomos pro hospital, pensando: "Seja o que Deus quiser!".

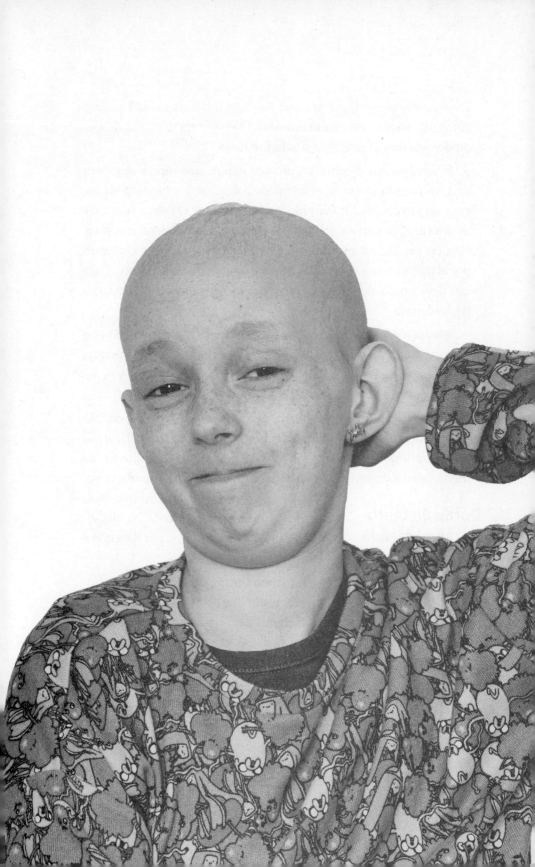

A cirurgia

Médico fala de um jeito que a gente não entende muito bem. Quando falaram que era cisto, ninguém imaginava que era uma bola de tênis dentro da minha cabeça. Chegamos naquele hospital e refizemos toooodos os exames. Era chato, mas tinha que ser feito. Fiquei me perguntando: "Vai acabar logo?".

Eu não tinha muita paciência, não. E eu nem sabia que aquela história tava só começando. Mexe Lorena, remexe Lorena. Era exame atrás de exame, até chegar no resultado.

Tinha que abrir mesmo a cabeça e tirar a coisa que tava lá dentro. Era grande, mas dava pra tirar. E eu ia ficar boa. Pronto. Mas e pra acreditar nisso? Que dá pra abrir sua cabeça, tirar uma coisa do tamanho de uma bola de tênis de lá, tirar a água que tem dentro, e depois acordar feliz da vida? Complicado.

Eu ainda não tinha me acostumado com aquilo. Principalmente com a palavra "tumor". Eu falo que foi uma doença silenciosa, mas hoje vejo que muitos sinais de que as coisas não iam tão bem assim já tinham aparecido antes. Ainda bem que deu tempo de perceber, senão aquela coisa ia me corroer toda.

Minha mãe rezava muito, me abraçava, me dizia que tudo ia dar certo. E eu acreditava. Mãe, quando fala, diz de coração. Quando fechei os olhos pra ir pra sala de cirurgia, me lembro dela segurando minha mão e sorrindo. Eu congelei naquele sorriso. Congelei e acreditei que eu ia ficar boa logo. Minha mãe tinha prometido isso pra mim.

Ouvi dizer que o tempo da cirurgia foi uma eternidade. É impossível contar no relógio o tempo da ansiedade, do medo e da esperança. Não sei quanto durou aquilo tudo. Só sei que, quando acordei, tudo tinha mudado da água pro vinho.

A vida é uma coisa engraçada, né? Eu abri o olho e ela tava lá. Minha mãe. Eu tava viva. Tava respirando, tava acordada. Mas tinha uma coisa muito diferente. Eu me sentia presa em meu próprio corpo. O que tinha acontecido comigo?

A recuperação

Carecas e cabeludos do meu Brasil, eu não quero que ninguém fique triste. O que tô contando aqui é só pra mostrar como foi que tudo aconteceu, e como cheguei onde cheguei. Foram dias difíceis, eu sei. Mas passaram.

Quem fica impressionado demais pode pular essa parte. Acho que o livro é pra contar minha história, mas de um jeito que faça você ver como tudo pode ficar bem, mesmo depois de uma coisa ruim. Se for pra entender desse jeito, ok. Pode continuar. Mas, se for pra ficar com dó de mim, nem leia. Estou me recuperando, essa coisa toda já passou e agora eu quero mais é ficar forte e continuar a minha vida.

Voltando ao momento em que acordei, após a cirurgia, percebi algo muito errado comigo. Depois eu soube que era um lance que chamam de mutismo cerebelar. Uma coisa estranha. Eu abria o olho, via tudo, entendia tudo, mas não conseguia me mexer. Sabe como é isso? Eu ficava deitada na maca, sem conseguir nem abrir a boca. Sem conseguir falar, sem mexer mão, braço, perna, nada. Nem a cabeça. Mas eu via e ouvia tudo. Então foi bem difícil.

A primeira pessoa que eu vi foi minha mãe. Ela tava feliz porque eu tava viva, mas tava preocupada. Os médicos falavam: "Ela vai ficar boa, mas não sabemos quanto tempo isso vai levar". É aí que o bicho pega. Podia ser um tempão. Mas a gente resolveu acreditar que eu ia ficar boa logo. Ela me dizia isso o tempo todo. Eu não podia responder, claro, mas via e ouvia. Minha mãe conversava comigo, cantava, sorria. Ela tentava me mostrar que tudo ia ficar bem.

As pessoas não tinham muita certeza de que eu tava ali, entendendo tudo, vendo e ouvindo o que todo mundo falava. Mas eu tava.

Quando a minha irmã entrou no quarto, dois dias depois, é que eu entendi toda a situação. A Larissa não tem papas na língua, ela só fala o que pensa. Minha irmã é assim: ela mesma. E ela surtou quando me viu na maca. Surtou de verdade, gente. Imagina: ela tinha convivido a vida inteira com uma irmã atrevida, que corria pra lá e pra cá e falava sem parar. De repente, entrando no quarto, feliz porque teria essa irmã de volta, ela viu justamente o contrário. Ela chegou e me viu deitada, imóvel, sem falar, sem reação alguma.

Foi traumático demais. Ela ficou revoltada. Olhou pra mim, olhou pra minha mãe e perguntou: "A minha irmã vai ficar assim pra sempre?". Minha mãe respondeu que não, que a gente ia lutar e que eu ia ficar bem. Mas dava pra ver na cara da Lari o desespero dela diante daquele momento.

Ela me disse depois que naquele dia ficou me imaginando deitada pra sempre, sem falar, sem poder me comunicar. Ela chorou. Nossa, como ela chorou! Pra mim, era difícil ver a Larissa chorando daquele jeito. Eu meio que não sabia o que fazer. Eu tinha que encontrar algum jeito de dizer pra ela que eu ia ficar bem. Mas como, se eu não podia mexer nenhuma parte do corpo?

Dava pra ver na cara da Lari o desespero dela diante daquele momento. Ela me disse depois que naquele dia ficou me imaginando deitada pra sempre, sem falar, sem poder me comunicar.

Ela chorando, minha mãe e ela se abraçando... e eu ali, vendo tudo, sem conseguir falar que eu ia ficar bem. Ela veio se despedir e, quando me deu um beijo, eu lambi ela. Não sei por quê. Mas me veio a ideia de fazer isso de repente e deu certo. Ela entendeu o sinal. Minha irmã me olhou e disse: "Parece o Raj". Raj é nosso cachorro, que lambe a gente o tempo todo.

Eu tentei rir, mas não consegui. Mas ela viu meu sorriso mesmo assim. Só ela viu. Mesmo sem eu mexer a boca. E ela começou a chorar de alegria. "Ela vai voltar", ela falou. "Mãe, ela vai voltar!". Eu tinha conseguido! Tinha conseguido mostrar pra ela que eu ia ficar boa. Que eu tava entendendo tudo. Foi uma explosão de choro e de alegria. A Larissa tinha ficado feliz.

Minha mãe, que não tinha visto meu sorriso, acreditou no que minha irmã disse e ficou feliz também. Foi um recomeço. Daquele dia em diante, a gente passou a conviver melhor com as minhas limitações. Eu não podia falar, então gritava pra sair a voz. Tava com calor e gritava. Minha mãe não sabia o que eu queria. Me cobria. E eu com calor. Pensava: "Como minha mãe é burra! Não vê que eu tô com calor?".

Tadinha da minha mãe. Fazia tudo pra mim e eu ainda pensava isso dela. Devia ser difícil lidar comigo. Dizem que eu me debatia. Como eu não tinha controle do corpo, batia as pernas na maca e ficava toda roxa. Os dias foram passando e os médicos diziam que com a fisioterapia, teríamos alguns avanços. Aprendi a mexer a língua pra dizer "sim" e minha irmã me ensinou a mexer o nariz para dizer "não". Era tudo muito lento. Mas cada pequeno movimento era comemorado.

O carinho da Larissa e da mamãe deram força pra mim. Sem elas, eu não teria conseguido aguentar tantos dias no hospital. Nem sei quantos dias foram. Era tudo tão igual e, ao mesmo tempo, cada minuto era diferente. As horas demoravam pra passar. Minha irmã, percebendo que eu tava cansada de ficar tanto tempo deitada, tentava me distrair. Ela queria me fazer dar risada. Ela sabia que a minha risada era um remédio mais forte que aqueles que me davam pelas veias e pela boca. Ela sabia que, quando eu ria, eu ficava mais forte e mais feliz. Ela sabia disso, mesmo sem estudar medicina.

Hoje, minha mãe fala que tem gente no mundo todo falando sobre como é bom ficar alegre durante um tratamento. Que tem gente que vai aos hospitais pra fazer as pessoas darem risada, porque isso é real e faz uma superdiferença. A minha irmã não precisou estudar ou ler nada pra entender isso. Ela só precisou me olhar e ouvir o próprio coração. Quando me via rir, ela sabia que eu tava bem. Que eu tava tentando ficar mais forte, nem que fosse só pra deixar ela mais feliz.

Era uma coisa boa, como pegar uma algema e abrir. Era como se a gente saísse daquele lugar de medo e soubesse que, juntas – nós três –, a gente ficava mais forte. Eu não sabia explicar como isso acontecia, mas acontecia de verdade. Tem gente que me pergunta de onde tirei forças pra ficar tanto tempo suportando isso. E eu digo: foi delas.

A força veio das horas que minha mãe passou sentada do meu lado. Silenciosa ou falando. Conversando como se eu pudesse dar uma resposta. Veio de todas as risadas que eu dava sem que a Larissa percebesse, sem mexer a boca. Mas ela sabia que eu tava rindo. Ela sentia isso. Essa coisa poderosa que as pessoas fazem pela gente é o melhor que alguém pode receber. Eu nunca pensei que poderia experimentar isso.

E os dias foram passando. Às vezes as coisas eram terríveis e complicadas, e outras vezes era tudo leve e engraçado. No dia em que chegamos em casa, minha irmã pegou na minha mão. Era só um toque, mas ela começou a fazer massagem. Nesse dia, eu ri de verdade. E ela chorou mais uma vez. A partir de então, ela me fazia massagens todos os dias, segurando minhas mãos. E cada vez que ela fazia aquilo, eu me sentia mais forte. Eu tinha vontade de chorar e rir ao mesmo tempo.

Não lembro direito de alguns detalhes porque as coisas ficaram embaralhadas na minha cabeça. Mas sei que começamos a ir pro hospital de ambulância no início da radioterapia. Eu ia deitada na maca e um dia aconteceu uma coisa engraçada. Minha irmã tava sentada do meu lado, porque eu ia paradona na maca, sem me mexer. Aí ela falou a palavra "pélvis". Eu comecei a rir. E ela continuou: "Pélvis Lúcia".

Estávamos indo pra Ribeirão Preto. Aquilo não tinha nada a ver com nada, e eu ria. Eu ria tanto que até doía a minha barriga. A Larissa percebeu e começou a repetir, dizendo que a partir daquele dia ia me chamar de Pélvis Lúcia. Eu, ela e minha mãe não parávamos de dar risada. Era um apelido novo e sem sentido, mas que me fazia dar risada. Toda vez que ela me chamava assim, eu ria sem parar. Hoje, eu gosto e ainda atendo pelo nome de Pelvinha ou Pélvis ou Pé ou Lúcia. É um código. Uma senha que me faz rir.

O tratamento começou de um jeito meio assustador. A gente ia de ambulância, levava duas horas pra ir, duas pra voltar. Quase todo dia.

Aí tivemos que fazer uma mudança meio radical: morar na casa de apoio. Não foi fácil, mas moramos um tempo lá, até minha mãe resolver que voltaríamos pra casa. Nesse tempo, consegui mexer o rosto, e alguns movimentos mostraram que eu era capaz de me recuperar. Eu, minha mãe... todo mundo ficava feliz com isso. Até o dia que eu consegui falar.

Na primeira vez que falei, fiquei assustada. Quando ouvi minha voz diferente, pensei: "Eu falo assim?". Fiquei pensando por um tempão: "Ei, por que eu tô falando assim?". Gente, eu fiquei assim, sem palavras. Eu não conseguia entender porque eu tava com a voz toda cagada. Hoje eu sei que prefiro mil vezes ter essa voz do que não falar. Melhor falar errado que não falar. Mas na hora foi superesquisito, hahaha!

> **Na primeira vez que falei, fiquei assustada. Quando ouvi minha voz diferente, pensei: "Eu falo assim?".**

Todo mundo comemorou. É lindo quando a gente consegue fazer uma coisa que parece fácil, encontra a maior dificuldade pra fazer essa coisa fácil, e vê que as pessoas que fazem isso a vida inteira não percebem como é importante falar. Como é bom poder falar! Eu falava sussurrando, mas falava. Falava devagar, mas falava. De pouquinho em pouquinho. Era sofrido mesmo. Mas era libertador.

Nesse tempo, com a radioterapia e tal, o meu cabelo começou a cair. Era muita mudança ao mesmo tempo. De repente, eu voltava a falar, mas perdia o cabelo. E eu não sabia como reagir àquilo. Minha mãe ficou desesperada com os tufos que iam caindo da minha cabeça. Ela guardava no bolso, como se aquilo fosse fazer eles pararem de cair. Existe coisa mais linda do que amor de mãe?

Como não tinha realmente o que fazer, minha mãe acabou chamando a Cidinha, nossa cabeleireira, pra cortar meus cabelos bem curtinho. Ela foi em casa, cortou e me deixou bonita. A rádio e a quimioterapia fazem o cabelo cair mesmo, gente. Não tem jeito.

E quando eu fiquei careca de verdade? Nossa, foi um susto! Mas o engraçado é que nem foi isso o que eu achei mais estranho. Foi ver a minha orelha de fora. Eu não gostava da minha orelha. Eu sabia que meu cabelo ia cair. Sabia que, mais cedo ou mais tarde, ia ficar careca. Mas sem o cabelo, tive que dar de cara com minhas orelhas no espelho. Eu nunca gostei delas. Me achava orelhuda. E como era muito magrinha quando tudo aconteceu, ficava bem esquisita. Era só a careca e as orelhas, hahaha! Eu não tinha sobrancelhas nem cílios. Tive que me acostumar com aquelas orelhas feiosas.

Com tudo o que passei, eu aprendi muito. Aprendi a agradecer! Hoje sei que tudo cresce de novo. Cabelo, unha, sobrancelha e cílios. Você pode engordar, emagrecer, é só esperar. E sempre ser grato. Melhor ter orelhas feias do que não ter orelha, concordam?

Com tudo o que passei, eu aprendi muito. Aprendi a agradecer!

Pensa no tanto de coisa nova que tive que me acostumar! Não tinha mais cabelo, tava com uma voz diferente e, quando comecei a sentar, tinha que usar uma cadeira de rodas. Mas essa foi a parte mais fácil. Quem me ajudou a andar de cadeira de rodas foi a Larissa.

Hoje consigo rodar, fazer manobras. Antes, eu tinha uma cadeira que as pessoas tinham que levar, mas agora consigo andar sozinha. A Larissa empinava a cadeira no consultório e eu morria de rir. Queria fazer igual a ela e comecei a treinar. Viver numa cadeira de rodas às vezes é difícil, porque a gente precisa de ajuda o tempo todo. Ajuda pra subir na calçada, pra entrar nos lugares sem rampa e pra ir pra cama. Eu ainda dependo da minha mãe e da minha irmã, mas sei que vou andar logo, logo.

Minha rotina desde o dia da cirurgia mudou muito. Toda semana, a gente vai pra Ribeirão de ambulância, pra químio e radioterapia. Acordamos às 4h30 da manhã e seguimos viagem. Ao chegar lá, fico esperando até 11h pra ser atendida. Com isso, acabei entendendo o que é paciência... Olha, é dose! Eu era daquelas que não têm paciência pra nada, eu não sabia esperar um minutinho sequer. Pra quem queria tudo sempre na hora, esperar um exame durante quatro horas dentro de um hospital é dose de leão.

Desse jeito, eu acabei fazendo muitos amigos. São os carecudos e carecudinhas de verdade, que fazem tratamento comigo, todos mais novos. São crianças, mas são fortes. Eles também estão enfrentando a doença. Como lá não tem internet, conversamos o tempo todo. É com pessoas de verdade que a gente conhece a vida, que a gente entende o que é viver. E, assim, a recuperação fica muito mais fácil. Vivendo um dia de cada vez.

Minha
missão

No dia que coloquei o primeiro vídeo no ar, as pessoas curtiram que eu fui verdadeira e contei o que tinha passado. Não falei nada para que ficassem com pena ou coisa assim. Só falei pra explicar a voz fina e a careca. Mesmo assim, um monte de gente começou a me seguir pra saber como era ter tido câncer tão nova.

Quando eu falo "muita gente", não é pouco, não. Muita gente mesmo. Gente que me contava a história da vida toda. Gente que dizia que tava se inspirando em mim pra fazer alguma coisa que tinha vontade. Gente que olhava meu vídeo e chorava sem parar.

Comecei a entender que tinha sentido eu estar ali naquele momento. Eu acredito muito nesse negócio de missão. Que é tipo o que a gente vem pra fazer nesse mundo. Acredito muito nisso, que todo mundo nasce com uma missão nessa vida.

A gente não nasce por acaso, assim, só pra comer e morrer. Acho que cada um nasce pra fazer alguma coisa. Quando cumpre essa missão, volta pro céu. Deus fala: "Ok, você cumpriu o combinado". E tudo bem.

Eu acho que nasci pra isso. Acho que nasci pra inspirar as pessoas com a minha história. Não quero me gabar, mas, depois de tanto conversar com as pessoas, eu acho que é isso mesmo.

Sinto que preciso falar umas coisas, como, por exemplo, falar que as pessoas reclamam muito de barriga cheia. Vejo a galera irritada com a vida o tempo todo. Reclama, reclama e não sai do lugar. Reclama se tá sol, reclama se tá frio. Reclama se tá atrasado, reclama da fila no banco, reclama do trânsito, do sinal da internet... Chuva de reclamação!

Só que essas pessoas não sabem por que estão reclamando. Se elas soubessem o que é ficar numa fria de verdade, acho que reclamariam menos. Se a minha história ajudar alguém a perceber isso a tempo de mudar, é uma coisa boa.

Não é legal ter um tumor na cabeça, operar, ficar sem falar, sem se mexer, fazer químio, fazer rádio, perder o cabelo, andar de cadeira de rodas etc. Mas se eu reclamar, nada vai mudar. Então o que eu faço? Começo a pensar em coisas boas. Ou começo a tentar dar risada. É aquilo de mudar de vibração pra atrair coisas positivas mesmo, sabe? E é fato: quando você acorda com o pé esquerdo e fica resmungando, todo o resto do dia dá errado. É a famosa lei da atração, como minha mãe diz.

> É fato: quando você acorda com o pé esquerdo e fica resmungando, todo o resto do dia dá errado.

No início do tratamento, eu assistia muitos vídeos de humor. Eles me ajudavam a ir em frente. Era difícil pra caramba, mas quando eu dava risada era tudo muito mais fácil.

Eu não quero parecer uma vovozinha que fica ditando regra, mas se eu fosse você, não reclamava da vida. Gosto muito de agradecer pelas coisas boas ao invés de reclamar. Parece uma mágica quando a gente agradece. Toda noite eu agradeço a Deus pelo que tenho. Pela minha mãe, minha irmã. Por poder viver de novo. E pode ser bobagem da minha cabeça, mas isso me ajuda a ficar bem.

Quem tem amigos, *tem tudo*

É difícil agradecer o tanto de gente que me ajuda no dia a dia. Minha mãe tem um grupo de amigas que se movimenta todo dia pra me dar carona, por exemplo. Nos dias em que tenho fisioterapia, como ainda tô na cadeira de rodas, elas me levam e buscam. E aí eu vejo como é bom ter amigos. Essas pessoas ajudam a gente sem ganhar nada em troca. Só pra me ver melhor.

A minha fisioterapeuta, Francine, também é uma pessoa muito boa. Ela tem uma paciência tão grande comigo que consegue saber como eu tô naquele dia antes mesmo de a gente começar. Cada vez que chego na clínica é uma festa. Lá, todo mundo já me conhece e comemora comigo cada avanço.

Entro e deito na maca pra ficar com uns eletrodos, depois sigo pra difícil missão que é tentar movimentar algumas partes do corpo. Fico bem cansada depois disso. Quando chego em casa, sempre tem gente me esperando. Amigas, amigos, pessoas que me fazem bem, que vão lá só pra me dar um beijo ou falar um "oi".

Esses dias têm sido bons, com a presença de tanta gente na minha vida. Entendo cada vez mais como a minha mãe e a minha irmã são importantes na minha recuperação. As pessoas, nas entrevistas, perguntam sobre a minha relação com a minha mãe e eu respondo que acho que ela é a melhor mãe do mundo.

Foi dela que tirei a minha força. Era quando ela tava ali, na porta do quarto olhando pra mim, ou segurando a minha mão na ponta da cama, ou coçando a minha careca, que a gente ficava juntas e eu perdia a noção do tempo. Ela me olhava e eu sabia que ela acreditava que eu ia ficar melhor. Isso me dava a sensação de que eu ia mesmo ficar boa.

Não dá pra explicar. Só sentir... Olha eu de novo aqui, fazendo piadinha em hora imprópria, hahaha! Mas o que é da gente sem bom humor, né? Foi com bom humor que eu fui tirando força pra conseguir dar conta de tantas mudanças na minha vida.

Se minha mãe diz que Deus dá forças, eu acredito que seja isso mesmo. Acredito muito em Deus. Mas acredito do meu jeito. Não gosto de ficar: "Ó, Deus, obrigado", com os braços pro alto. Mas, antes de dormir, eu agradeço: "Deus, obrigada por me dar uma chance".

A Larissa me ensinou a não ligar pro que as pessoas dizem. Eu me pegava nervosa quando alguém me olhava torto com a cadeira de rodas, e hoje respondo: "Tá olhando o quê?". Não tenho vergonha de ser careca, nem tenho vergonha da minha voz. Por mais que a minha irmã também pareça forte, ela diz que seria difícil estar no meu lugar.

Eu entendo que passei por muita coisa, mas é estranho ouvir tanta gente dizendo que não passaria por isso numa boa. A própria Larissa fala que teria se matado se tivesse que ficar numa cadeira de rodas e com a voz desse jeito. Eu acho que ela exagera um pouco, mas às vezes entendo que, pra muita gente, é difícil ser diferente do que era antes. Muitos amigos próximos comentam que não têm a força que eu tenho.

Mas tô melhorando a cada dia. E já sou melhor em tanta coisa! Graças aos amigos que tenho ao meu redor, consigo dar risada das situações. Ver tanta gente se revezando pra me ajudar me dá ainda mais forças pra lutar, e a alegria da minha mãe com cada pequena vitória minha não tem preço.

Ela é uma figura. Sabiam que ela adora dançar? Dança como se não tivesse ninguém

Graças aos amigos que tenho ao meu redor, consigo dar risada das situações.

olhando. Ela é daquelas que entram no mercado, ouvem uma música e começam a dançar sem ligar pra nada. Hoje, quando toca um celular, eu danço. É assim que a gente comemora os movimentos. Pequenos e grandes.

Tá, tudo bem, nem tudo são flores. Sinto falta de caminhar, colocar os pés no chão, poder ir pra onde quero. É difícil depender das pessoas pra ir pra qualquer canto. Mas, com a ajuda da minha família e de bons amigos, dá pra se virar de um jeito bom. Ô, se dá.

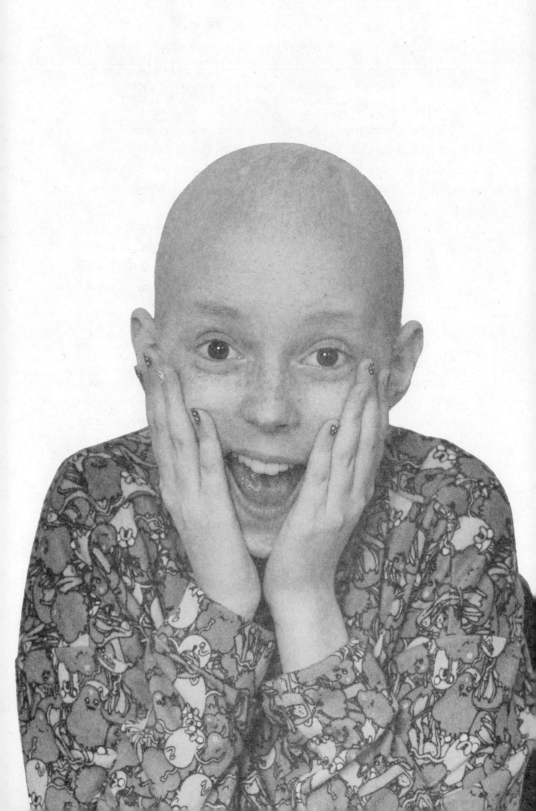

Coisas que funcionam
na minha vida

Tem muita gente que me pergunta: "Como você passou por tudo isso e fica tão bem?". Sinceramente, eu também não sei. Mas vou contar algumas coisas que funcionam na minha vida, aí você vê se funciona na sua também. Tem coisa que pode funcionar na minha vida e não vai funcionar na sua, e tá tudo bem.

Não criar expectativas

Eu amava sair andando e fazendo manobras de skate. Não era à toa que eu queria fazer um canal sobre isso. Hoje, quando me perguntam quando acho que vou voltar a andar de skate, não fico triste. Mas costumo dizer: "Não faço a mínima ideia".

E essa é uma resposta boa pra quem se enche de expectativa com alguma coisa, porque eu não quero ficar frustrada nem triste por não conseguir as coisas no tempo que eu queria. Ano passado, falei assim: "Vou voltar a andar no fim desse ano". Chegou o final do ano e nada. Eu não conseguia nem me levantar, nem ficar de pé e muito menos andar.

Eu tenho consciência de que, definitivamente, não sei quando vou voltar a andar. E andar de skate, então? Sinto que estou melhor. Sei que estou mais forte e tal. Mas não fico fazendo planos no calendário, pensando em quando cada coisa vai acontecer.

Não faço previsões de quando vou fazer isso ou aquilo. Acho essa uma boa dica pra quem quer viver em paz.

Colocar um pouco de humor

Já vi gente achando que minha mãe deveria ficar em casa chorando enquanto eu tô em tratamento. Acho isso um absurdo. Ela já abriu mão da vida dela pra cuidar de mim, merece sair de vez em quando, se divertir.

Eu acho horrível quando tem uma pessoa doente e todo mundo fica com aquela cara de enterro. Pra quê? Não vai adiantar nada. Se fica todo mundo de mal com a vida, é mais difícil levar a doença. Tem que ficar bem, de bem com a vida.

Claro que não consigo sorrir e dar risada o tempo todo. Mas nas horas que tô de baixo astral, pego meu notebook e fico vendo vídeos engraçados, sabe? Não dá pra entrar na *bad vibe* e ficar saboreando isso.

Quem tá com alguma doença ou em tratamento devia experimentar isso: dar risada. Dizem que é um santo remédio. Eu concordo. Acho que quando a gente ri ou fica de bem com a vida, as coisas acontecem de um jeito mais fácil.

Já falei aqui que não dá pra reclamar de tudo. Eu evito reclamar. Claro que se eu tenho alguma dor, eu reclamo. Mas, quando digo "reclamar", quero dizer ficar de saco cheio por esperar quatro horas no hospital pra começar o exame, por exemplo.

Se eu sei que o exame demora, adianta reclamar? Só vai me deixar pior. Então dar risada é bom. Muito bom. Começou com a Larissa me provocando, com as piadinhas dela que não param nunca, e continuou com os vídeos engraçados no YouTube. Isso funciona muito bem pra mim e acho que serve para qualquer situação.

Agradecer

Eu agradeço mesmo. Hoje e sempre. Vou agradecer até o fim.

Agradeço porque descobriram o tumor a tempo. Agradeço porque conseguiram tirar ele da minha cabeça. Agradeço porque fui melhorando aos poucos. E quanto mais vou agradecendo, mais vou melhorando.

Ou será que quanto mais vou melhorando, mais vou agradecendo? Ué, me perdi.

Ter fé

Acho bom falar aqui o que pouca gente da minha idade fala, já que essa é uma mensagem importante que minha mãe me ensinou. Não importa a religião da pessoa. Ela nem precisa ter religião, na verdade. Ter fé é acreditar.

Se a gente acredita numa coisa, é mais fácil ela acontecer. Se não acredita, nada acontece. Não acontece *mesmo*. Minha mãe acreditava na minha melhora, acreditava que eu falaria, que eu sairia curada. E eu acreditei só de ver a fé dela.

Quem tem fé vai longe. É uma coisa que faz o nosso coração ficar quentinho. Dá uma boa animada. Se a gente não tem fé, a gente não tem nada.

Sonhar

Eu tinha um sonho: ter um canal só meu. Pode parecer meio bobo, mas era um sonho. Cada um tem o seu. Quando eu realizei esse sonho, minha vida ficou melhor.

Eu não deixo de sonhar. Fui hackeada logo no começo e perdi todos os seguidores. Era como se alguém viesse e tentasse destruir o meu sonho. Mas dos sonhos a gente corre atrás. Falei isso no primeiro vídeo que fiz, logo depois que criei o novo canal. E se de sonho a gente corre atrás, é porque não pode desistir nunca.

Quem tem um sonho, tem que acreditar nele e tentar realizá-lo. Eu não realizei meu sonho antes da doença porque achava que não podia. Mas hoje não tenho vergonha. Vejo que posso. Que passei muito tempo preocupada com umas coisas nada a ver. Coisas pequenas mesmo.

Então vai lá e bota seu sonho no papel. Porque a gente nunca sabe quando essa vida pode acabar. E não dá pra perder tempo com bobagem.

Lorena
por dentro

Ok. Falei bastante da minha vida. Eu criança, eu quando descobri a doença, a recuperação, as coisas que gosto, as que não gosto. Isso aqui é tipo um diário, um bloco de anotações onde eu escrevo o que as pessoas mais querem saber. Não sou nenhuma celebridade. Sou só uma menina que grava vídeos na internet e por acaso teve uma doença. Agora vou falar de coisas de mim que pouca gente sabe. Como eu sou por dentro mesmo, entende?

Todo mundo que me conhece diz que sou amorosa. Eu também acho. As coisas que aconteceram na minha vida foram bem chatas e me mostraram como é bom ter gente por perto. Quando percebi que tinha tanta gente me dando amor, que tinha tanta alegria em volta de mim só porque eu tinha melhorado, quis ser alguém melhor.

Gosto de um chamego. Gosto de ser cuidada. E se você me perguntar o tipo de gente que eu gosto, vou te responder na lata: gosto de gente cuidadosa e carinhosa. Que nem a minha mãe, por exemplo.

Tenho muitas pessoas assim no meu dia a dia. Gente que faz de tudo pra me ver bem, pra me ver feliz. Amigos! E talvez eu ajude um pouquinho a deixar todo mundo sempre feliz. Sempre falo que um dia sem sorrir é um dia desperdiçado.

Mas não sou só felicidade. Tenho medos também. Meu maior medo é o de ficar sozinha no mundo, sem minha mãe e minha irmã. Pode parecer um medo bobo, mas eu sinto isso de verdade.

Quando não estou fazendo nada, entro nos grupos de Whats e fico batendo papo. O meu favorito é o que tá todo mundo que grava pro YouTube. É engraçado e eles me fazem rir.

Por incrível que pareça, nunca tive nenhum namorado, nem amorzinho daqueles que a gente desenha coração no caderno. Acho que é porque ninguém gosta de mim. Mas eu não ligo pra isso também.

Quando eu era mais nova, não gostava de me arrumar. Achava bobagem. Hoje eu adoro. Fazer a unha, passar maquiagem, tipo Barbiezinha. Acho que é porque fico muito tempo do mesmo jeito. Essa sou eu. Uma menina que prefere gente que fala o que pensa do que quem fala mentira. Hahaha!

Se você enfrenta uma doença, tá deprê ou coisa assim:

- não desanime;
- fique do lado de quem te quer bem;
- assista vídeos que te façam rir;
- peça uma comida que você gosta muito;
- tente fazer uma coisa maluca que você nunca fez e que tem vontade;
- chore pra aliviar, mas não chore o tempo todo;
- tenha fé que tudo vai ficar bem;
- chame quem você ama pra segurar sua mão;
- pense em coisas boas;
- sorria;
- pare de reclamar;
- faça o tratamento direitinho;
- lute contra o cansaço;
- pense que vai passar;
- leia algum autor que te inspira;
- tenha coragem;
- seja amoroso;
- se imagine curado e bem;
- acredite em milagres;
- passeie;
- seja sempre grato.

Fatos *sobre mim*

Tem coisa à beça sobre mim que as pessoas não sabem. Então fiz uma lista e vou falar bem rapidinho sobre cada uma delas, beleza?

Não gosto de reclamar da vida.

Vejo gente reclamando de tudo e acho uma perda de tempo. Não adianta reclamar. Adianta?

Outro dia, uma jornalista me perguntou: "Você não reclama de nada, né?", e eu fiquei meio sem saber o que dizer. Fiquei pensando se reclamar resolve alguma coisa. O que adianta eu reclamar do tratamento? Da minha cadeira de rodas ou de ter ficado careca?

As pessoas reclamam por tão pouco e não percebem que não ajuda em nada. O tempo que a gente perde reclamando a gente podia usar fazendo outra coisa. Tipo dar risada. Ou agradecer pelo que tem.

Tem dias que acabo não indo à escola porque tô muito cansada.

Como ainda tô em tratamento, coisas como a fisioterapia, por exemplo, já me deixam com muito sono. Então nem sempre é fácil acordar pra ir à escola. De vez em quando, o tratamento me deixa meio baqueada e eu preciso descansar. Aí eu falto. Minha mãe sempre diz que prefere meu bem-estar. Isso vem em primeiro lugar agora que ainda tô em recuperação.

Muita gente pergunta: "Quando vem o próximo vídeo?". Eu respondo que tem dia que preciso ir pro hospital ou pra clínica. Não dá pra gravar sempre. E eu tenho que estar bem pra gravar, né?

Tem noites que eu não consigo dormir. Fico me remexendo na cama a noite toda e acordo a minha mãe pra conversar.

Durmo na mesma cama que a minha mãe desde que eu era pequena. De vez em quando, ela sai no meio da noite e vai para aquela que, teoricamente, seria a minha cama, porque fico esparramada e ela fica sem espaço. Mas é bom dormir do lado dela. Eu gosto.

Só que tem noites que eu não consigo dormir. Sabe quando a gente fica ansioso por qualquer motivo? Sei lá. Aí o que eu faço? Acordo ela e chamo pra conversar. É engraçado porque ela fica com um olho aberto e um fechado. Acho que ela deve dormir no meio da conversa, mas eu fico falando.

No dia seguinte, ela fica morrendo de sono. Mas não deixa de sorrir. Engraçado. Me pergunto de onde as mães tiram tanta disposição...

Minha careca coça muito quando o cabelo está crescendo e às vezes eu peço pra minha mãe coçar pra mim.

Não tenho nenhum fio de cabelo. Isso mesmo. Minha cabeça é lisinha, porque faço quimioterapia toda semana e isso ainda vai continuar acontecendo por alguns meses.

Entre as semanas da químio, às vezes alguns fios começam a crescer. E aí o bicho pega. A minha cabeça coça, mas coça muito, quando os fios estão crescendo. E eu, além de coçar, vivo pedindo pra minha mãe coçar pra mim também.

Quero ser dentista quando eu crescer.

Já quis ser cantora e às vezes mudo de ideia, mas hoje, se alguém me perguntar, falo que quero ser dentista. Adoro dentes, e minha dentista Leilaine é uma pessoa que me inspira muito. Gosto muito dela. Será por isso que quero seguir essa profissão?

Quando eu vou dormir, prefiro o silêncio total.

Sou daquelas que odeiam barulho na hora de dormir. Não consigo entender como tem gente que dorme com televisão ligada ou em qualquer lugar. Eu preciso de silêncio absoluto na hora de dormir. Senão, não consigo. E aí, quando uma das nossas gatas chega no quarto e começa a ronronar perto do meu ouvido, fico nervosa. Também não consigo dormir com a luz acesa nem nada ligado.

É a minha mãe ou a Larissa quem me tira da cadeira de rodas e me leva até a cama.

Posso estar no meio de uma conversa, mas se tenho sono, minha mãe ou minha irmã logo percebem, me tiram da cadeira de rodas e me colocam na cama. Minha irmã já virou craque em fazer isso.

Às vezes, minha irmã deita no cantinho da cama no meio da noite e minha mãe tem que levantar de madrugada e mudar de lugar pra ter espaço pra deitar.

Mesmo com duas mocinhas em casa, minha mãe dorme feito mãe de bebezinho. Dorme um sono picado. Uma filha fica grudada nela a noite toda, outra se aconchega de manhãzinha. É tipo grude. Não dá pra ficar sem.

Odeio calor. Onde eu estiver, procuro um ventilador ou um lugar com uma brisa refrescante.

Esse negócio de morar em cidade do interior tem suas desvantagens. Às vezes é um calor tão grande que eu tenho que ficar plantada na frente do ventilador esperando um vento leste me dar conforto. Ai, ai...

Amo pintar, com lápis ou tinta. Tanto faz.

Esse não precisa de explicação, né, cabeludos?

Adoro ver vídeos no YouTube.

Essa mania começou quando eu não podia ir de um lugar pro outro. Deitada o tempo todo, me restava ficar lendo ou assistindo vídeos. Aí já era. Os vídeos de humor me deram um gás quando eu precisava. Eu dava risada e assistia cinco, dez vezes. Foi assim que começou minha paixão pelo YouTube, de verdade, e a vontade de ter um canal cresceu. Por isso, reviro o computador em busca de vídeos legais. Sempre.

Não gosto muito de ler no computador. Prefiro ler livros do que ler na internet.

Eu gosto dos livros dos YouTubers. Já li o do Rezende, o da Kéfera e o do Isaac do Vine. Mas ler na internet não é minha praia. Curto muito ver vídeos no computador, e livros, só impressos mesmo.

Não assisto televisão.

Acho legal poder ver o que eu quero na hora que eu quero. É diferente de ligar a televisão e assistir o que tá passando. Acho que por isso nunca assisto TV.

Gosto de animais.

Já deu pra perceber, né? Hoje tenho 5 gatos e um cachorro. Mas já cheguei a ter 16 gatos, 2 betas, 2 ratos topolinos e 1 coelho. Hahaha!

Tenho mais de 20 toucas.

Ganhei muitas do Marcos Mion no dia em que o *Legendários* fez uma surpresa aqui em casa. Nunca contei, mas tenho mais de 20!

Já usei lenço, mas não curto muito peruca.

Quando começou a cair o cabelo, a gente pensou em peruca, mas nunca usei. Fui colocar uma recentemente num evento e fez sucesso. Era azul! Já o lenço não é aqueeela paixão. Então ou uso touca ou deixo a careca aparecer mesmo. Gosto de touca, mas às vezes fico com calor na cabeça e tiro.

Tenho uma pulseira que coloquei no pé em 2010.

No pé não, no tornozelo.

Eu era gordinha e rechonchuda.

Bem fofinha, né?

Cortei meu cabelo curtinho antes de ficar careca.

Aí fui me acostumando melhor com a ideia de perder cabelo.

Eu falava que ia ficar igual à Tata (Larissa) com o cabelo curto.

Minha irmã usa cabelo curto desde os 5 anos. Eu falava que ia ficar igual a ela.

Gosto de roupa confortável.

Amo tênis e Crocs. Meu estilo não é bem definido, mas hoje gosto de usar o que me cai bem e me deixa confortável. Quando estava na maca, precisei usar muito moletom, porque era mais fácil da minha mãe colocar em mim. Hoje mudo o tipo de roupa, mas quero me sentir bem. Só isso.

Não tenho música preferida. Sou muito de momento.

Não tenho uma música que eu escute mais, o tempo todo. Sou bem eclética (como aprendi com o Pyong). Escuto rock, pop, sertanejo, funk e, dependendo do dia e da hora, gosto de ouvir uma coisa diferente.

Eu levaria comida pra uma ilha deserta.

Me perguntaram outro dia o que eu levaria pra uma ilha deserta e eu respondi: "Comida". Todo mundo deu risada. Mas é óbvio! É a única coisa que me faria sobreviver, não acham? Fora que eu adoro comer.

Por que eu uso um brinco só?

Tem gente que repara em tudo, e alguns já viram que uso um brinco numa orelha só. E você, sabe o motivo?

Na verdade, se você notar, minha irmã usa alargador nas duas orelhas. Eu também coloquei, antes de fazer a cirurgia, mas apenas em uma. No dia da cirurgia tivemos que tirar.

Era pequeno, não tão grande quanto os da Larissa. O alargador ficou com a minha mãe, que o perdeu, sabe-se lá como. Aí o buraco diminuiu, e eu não pude furar de novo porque, se minha resistência baixar, se inflamar ou acontecer algo, isso vai ser um risco pra mim.

Então passei a usar só um brinco.

Do sucesso
ao quase fim do canal

Hoje, ser youtuber é profissão. Eu não queria isso por dinheiro. Queria porque acho legal mesmo. Era coisa de querer fazer parte daquele mundo de gente legal que eu via fazendo vídeo. Óbvio que nunca pensei que fosse ter tantos mil likes nem nada.

Eu queria ter um canal de sucesso, claro. Ninguém começa algo pra fracassar. Mas era um sonho meio distante. Depois que eu passei por toda aquela chatice da doença, achei que dava pra fazer umas coisas mais ousadas, já que eu não tinha morrido, hahaha! Engraçado como a gente fica corajoso nessas horas. Antes, eu tinha vergonha de tudo. Hoje, quero mais é viver a vida e fazer o que eu gosto.

Um dia, a Larissa resolveu me ajudar e fizemos o primeiro vídeo. Ela escreveu o que eu ia falar e gravamos com o celular mesmo. Sabia que ia ficar nervosa.

Quando acabou, postamos sem pensar duas vezes. O nome "Careca TV" pulou na cabeça, na hora! Como minha mãe e minha irmã me chamavam desse jeito, achei legal não esconder minha história nem ter medo de me expor assim.

Foi uma coisa meio de improviso, entende? Colocamos o vídeo direto no YouTube e fomos dormir logo depois. No dia seguinte, acordamos e já estávamos com sete mil inscritos. *Sete mil!!!*

Era surreal. Eu nem acreditava. Uma galera que eu nunca tinha visto tinha compartilhado, e os números iam crescendo muito rápido, não dava nem pra acompanhar.

Quando comecei, nem me liguei que muita gente poderia curtir só por pena de mim. Só fui entender que tinha gente que pensava desse jeito quando começaram a pipocar algumas críticas.

Ao mesmo tempo que o pessoal falava que tinha gostado, muita gente dizia que eu tava usando o câncer pra me promover (Oi? Como assim *me promover*?). Mais uma vez: eu não escolhi ter câncer, gente! Ninguém seria louco de querer uma coisa dessas. Falei sobre isso no vídeo só pra explicar a minha vida, como qualquer youtuber faz em seu vídeo de introdução. Não era óbvio?

Falei sobre o câncer no vídeo só pra explicar a minha vida, como qualquer youtuber faz em seu vídeo de introdução.

Mas a grande maioria das pessoas teve uma reação muito legal. Um monte de gente tava feliz por mim e dizia que mudou a vida depois de me ver tão bem após a doença. Gente que falava que tinha parado de se preocupar com coisinhas pequenas. Isso me deixou mais confiante.

Aí, um dos youtubers mirins mais famosos, o Isaac do Vine, fez um vídeo só pra divulgar meu canal e pediu pra todo mundo curtir. O Isaac chama os seguidores dele de anjinhos, porque ele tem um cabelo bem enroladinho. Ele chorou enquanto assistia ao meu vídeo.

Com o tempo, percebi que não foi só ele que chorou. As pessoas me diziam que choravam de emoção quando me viam. Eu tava demorando pra entender o porquê disso, sabe?

O canal foi crescendo um dia depois do outro. Uma pessoa postava, um famoso compartilhava e, quando fomos ver, bateu um milhão de inscritos logo na primeira semana.

Um milhão de inscritos!

Dá pra acreditar?

Eu falava pra minha mãe que ia morrer de emoção e ela dizia que, se eu não tinha morrido até aquela hora, não ia morrer disso. Hahaha! Um povo falava que eu era exemplo de superação. Eu nem entendia direito por que achavam isso. E aí era como se tivessem acendido uma luzinha sobre a minha cabeça. Onde eu ia, todo mundo me conhecia.

Youtubers famosos começaram a aparecer e eu morria de vergonha, porque não me achava nada demais. Sei lá... Quando o Pyong apareceu – assim, do nada – em Ribeirão, no dia do meu tratamento, foi um choque. Imagina como eu fiquei? Tinha um youtuber superfamoso fazendo mágica pra todas as minhas colegas do hospital, conversando comigo.

Daí começaram as entrevistas. Não postava vídeos todo dia, mas já tava feliz da vida com aquele monte de gente acompanhando meu canal. Até que aquele vídeo que a gente fez no celular chegou a 4 milhões de visualizações. Uma coisa muito louca pra quem nem imagina o quanto de gente é 4 milhões.

O Léo Martins veio lá de Goiânia pra me conhecer também. As revistas, rádio e internet falavam o tempo todo de mim. Até que o *Fantástico*, da Rede Globo, veio até Jaú e fez uma matéria. Era mais que um sonho. Eu me sentia num daqueles contos de fadas, achando que eu ia acordar de uma hora pra outra, sabe?

Os dias foram passando e aquele conto de fadas parecia de verdade. Até a noite em que nossa entrevista foi ao ar no *Fantástico*. Não sei por quê, mas alguma coisa aconteceu a partir de então. Tem gente que vive pra isso – pra sabotar os outros. Gente que quer fazer gracinha, ou que fica irritado quando vê alguém feliz.

No meio da madrugada, depois do programa mostrar o número incrível de seguidores do meu canal, aconteceu um negócio muito ruim. Tipo um conto de fadas que acaba, que nem a carruagem da Cinderela que vira abóbora depois da meia-noite. Tudo acabou. O canal, os inscritos. Foi tudo por água abaixo.

Eram 3h30 da manhã quando recebemos o telefonema. Quando eu soube, senti como se um castelo de areia que fiz estivesse desmoronando inteiro. Se eu disser que fiquei tão triste quanto no dia em que descobri que tinha câncer, não vou mentir. Era isso.

Acordei e me avisaram, sem saber como dar aquela notícia. Eu não consegui nem fazer quimioterapia, pra vocês terem uma ideia, pois o número de plaquetas tinha baixado. Era hora de desistir.

Minha irmã pegou o celular e começou a gravar. Ela tava nervosa com tudo aquilo e contou pra todo mundo o que tinham feito comigo. E aí aconteceu mais um daqueles milagres que ninguém explica: as pessoas começaram a se unir pra me ajudar.

Várias pessoas fizeram uma força-tarefa para tentar ajudar a gente a recuperar o canal. O Pyong foi o primeiro. Depois, o Isaac gravou um vídeo pra galera saber o que tinha acontecido. Minha história começou a sair em vários lugares da internet, vários sites falaram sobre o absurdo que aconteceu.

Naquele dia, vi como a união faz a força mesmo. Se esse era meu sonho, não fazia sentido nenhum eu esquecer, largar tudo e ir embora; desistir diante da primeira coisa ruim que tinha acontecido.

Hoje falo que se outro hacker invadir a página, eu começo de novo, e de novo, e quantas vezes for preciso. Mas um monte de gente teve que me ajudar a levantar pra eu entender que tenho essa força.

Pensei várias vezes em desistir. É engraçado que, às vezes, na primeira queda, a gente já desiste do sonho. Eu quase desisti e hoje vejo que ia ser a maior burrada.

O tal do hacker
se arrependeu

Quem ia imaginar que isso poderia acontecer? A pessoa entra na sua página, derruba seu canal, faz você perder todos os seus inscritos, visualizações, vídeos e tal e diz que foi sem querer. Te liga pra pedir perdão.

Nesse dia, vimos que tem muita gente usando a inteligência pra fazer coisas ruins. Tanta coisa boa pra ser feita e as pessoas usam pra coisas ruins... Eu nem ligo mais. Perdoei e acho que com a minha consciência limpa ninguém mexe.

O povo do YouTube e os caras que mexem com tecnologia disseram pra gente que foi porque escolhemos uma senha simples. Mas é óbvio que escolhemos uma senha qualquer. Quem ia imaginar que tanta gente ia entrar no canal? Que em uma semana estaríamos num programa de televisão falando sobre um recorde do YouTube?

É claro que a gente aprendeu muita coisa com isso também. Não dá pra achar que todo mundo é bonzinho e quer o nosso bem. Por mais que tenha muito mais gente querendo minha felicidade que gente tentando me derrubar, percebemos que o número de pessoas que quiseram falar mal do canal foi bem grande também.

A principal "queixa" era de alguns caras que achavam que eu tinha usado a doença pra me promover. Gente que diz que tá fazendo vídeos profissionalmente e não consegue nem mil inscritos. E eu fiquei com pena de pensarem isso. Quando uma pessoa usaria um câncer pra ganhar likes?

Quem tem mer$% na cabeça são eles que acham isso. Não eu. A tal pessoa que hackeou o canal chegou a mandar um vídeo pra gente explicando o que aconteceu, pedindo perdão. Acho bonito ela ter se arrependido e pedido desculpas. E nós perdoamos de coração.

Eu só acho que agora a gente tem uma vida longa pela frente. Eu ganhei uma vida nova e não posso desperdiçar. Não vou jogar fora essa oportunidade de fazer o que gosto e o que sempre sonhei. Se meu canal vai continuar agradando o pessoal, eu não sei, mas tenho certeza de que não vou desistir tão fácil.

Youtubers
na área

Sonho que se sonha sozinho é uma coisa. Agora, quando entra uma galera parceira na área pra te ajudar, é outra coisa. Bom, vou contar pra vocês o que aconteceu comigo. Acreditem se quiserem. Se não quiserem, acreditem do mesmo jeito, pois é a verdade. Hahaha!

Moro em Jaú, já falei pra vocês que é meio longe da capital. Meio longe tipo quatro horas de viagem. Só que uma coisa meio milagrosa aconteceu. Um monte de youtubers já vieram até aqui em casa me visitar, assim, do nada.

Ainda bem que tem internet pra contar a história. Pra começar, o Marcos Mion, do *Legendários*, veio me conhecer. Depois que rolou o lance do hacker, ele queria me ver pessoalmente. Primeiro, ele foi lá na minha escola. Conversou com meus amigos, minha mãe, e fez uma surpresinha pra mim: redecorou o quarto onde eu gravava e fez um estúdio lindo de morrer.

Foi a primeira vez que me senti importante, que vi como as pessoas achavam legal aquilo que eu fazia, queriam me dar uma força e que muita gente tava torcendo para aquilo dar certo. Só que a surpresa não acabou por aí.

O quartinho ficou com cara de profissa – cenário louco, papel de parede *style*, e um monte de touquinhas que eu amo. Acho que, se eu tivesse dinheiro pra decorar eu mesma, não teria ficado tão legal.

Mas aí que veio o melhor. Sou super fã do desenho *Hora de Aventura*, todo mundo sabe disso porque eu uso a touca do Jake para lá e para cá. Tipo, não precisa ser um gênio pra entender. Sabe o que os caras fizeram? Uma música. Só pra mim. Os dubladores do desenho gravaram e o Mion trouxe. Fiquei assim, meio boba, sem saber o que pensar, entende?

Todo mundo já deve ter tido um dia em que ficou meio fora de órbita. Meio sem entender se tava sonhando ou acordado. Esse foi meu dia.

Bom, eu sou fã de Minecraft e mais fã ainda do RezendeEvil, meu youtuber preferido. Nunca, nem no meu maior sonho, eu poderia imaginar que ele viria até a minha casa. E eis que ele entrou no quartinho e eu quase caí da cadeira. Fiquei totalmente muda. Estupefata. Mas foi por um bom motivo. Eu tava emocionada de verdade. O Rezende apareceu falando que eu era uma menina especial, e aí eu entendi como as coisas tinham acontecido. Sabe quando foi que ele viu meu vídeo? Quando tinha só 4 mil visualizações. Ou seja, ele foi um dos *primeiros* a assistir. Isso me deixou nas nuvens. Não dava pra acreditar.

> **Todo mundo já deve ter tido um dia em que ficou meio fora de órbita. Meio sem entender se tava sonhando ou acordado.**

Então entra ninguém mais, ninguém menos que a Malena. Cara, a Malena é incrível! Ela entrou dando risada e eu comecei a chorar de emoção. Sabe quando você vê uma pessoa que você admira muito e então conhece pessoalmente? A Malena não sabia, mas ela esteve comigo em vários momentos da minha vida. E era legal conhecer alguém assim, pessoalmente, que tinha me inspirado a fazer meu próprio canal.

O mais louco dessa história toda foi que os dois sabiam várias coisas sobre mim. Não dá pra acreditar nisso – que uma pessoa que te inspira, que parece tão inacessível, conhece você e sabe um pouco da sua vida. Eu fiquei meio que flutuando nas nuvens, sem saber nem o que dizer naquele momento.

Era de novo aquilo de "não tenho o que dizer, só sentir". Hahaha! E quando eu achava que tava bom pro meu coraçãozinho, entra ele, o Projota. Só de estar cara a cara com ele já era de tremer o coração, mas ele ainda disse que era meu fã. Eu mal podia falar! Um cara feito o Projota como fã não é pra qualquer um!

Entre um monte de coisas que ele falou, a que mais me marcou foi que ele tinha ficado feliz em saber que eu gostava dele, porque o rap era um tipo de música que ensina as pessoas a batalharem pela vida. Ele disse que ver que tinha conseguido isso com uma menina como eu, que ele achava que ia mudar o mundo, já fazia com que sua missão estivesse cumprida.

Cara, imagina só que ele achava que eu, a pobre Lorena, podia mudar o mundo! Até a Kéfera me mandou um vídeo dizendo: *"Sou muito sua fã, continue fazendo seus vídeos, porque você inspira as pessoas. Você fez com que todo mundo se apaixonasse por você, pelo seu carisma, pela sua vitória"*.

No final daquele encontro, o Projota cantou uma música pra mim. Mas não era só uma música. Era uma das minhas músicas preferidas, que me deu força por muito tempo.

O homem que não tinha nada

O homem que não tinha nada acordou bem cedo
Com a luz do sol, já que não tem despertador
Ele não tinha nada, então também não tinha medo
E foi pra luta, como faz um bom trabalhador

O homem que não tinha nada enfrentou o trem lotado
Às sete horas da manhã com sorriso no rosto
Se despediu de sua mulher com um beijo molhado
Pra provar do seu amor e pra marcar seu posto

O homem que não tinha nada tinha de tudo
Artrose, artrite, diabetes e o que mais tiver
Mas tinha dentro da sua alma muito conteúdo
E mesmo sem ter quase nada, ele ainda tinha fé

O homem que não tinha nada tinha um trabalho
Com um esfregão limpando aquele chão sem fim
Mesmo que alguém sujasse de propósito o assoalho
Ele sorria alegremente, e dizia assim
O ser humano é falho, hoje mesmo eu falhei
Ninguém nasce sabendo, então me deixe tentar (me deixe tentar)
O ser humano é falho, hoje mesmo eu falhei
Ninguém nasce sabendo (ninguém), então me deixe tentar

⋄

Aquele dia, um dos dias mais especiais da minha vida, me deixou a impressão de que a gente idolatra um monte de gente da TV e da internet, mas a gente é tudo igual. De carne, osso e sangue. A única diferença é que tem várias pessoas que adoram o que a gente faz. E aí entendi como a galera se sentia quando me abraçava e me via como uma celebridade. Era do mesmo jeito que eu via esse pessoal que eu adoro.

Quem também veio aqui em casa foi o Isaac. Ele foi o primeiro youtuber a me dar uma força quando gravei o vídeo do meu canal. Ele fez uma verdadeira campanha pra todo mundo assistir ao Careca TV e, quando a gente se conheceu pessoalmente, eu vi que ele era um menino muito especial também.

Detalhe: ele ficou morrendo de medo do Raj, meu cachorro. Hahaha! O Isaac morre de medo de cachorro e o pessoal do *Pânico*, que veio com ele fazer uma matéria, tirou o maior sarro disso. Nesse dia, a gente fez um bolo meio maluco. Me deixa feliz saber como a televisão também tá olhando pro pessoal da internet.

O Felipe, do Magic N Roll, também veio gravar comigo e foi uma surpresa bem grande. Antes de começar, a gente conversou, e ele me contou que eu tinha sido a inspiração dele pra superar uma depressão. Cara, pensa só isso. Eu, com 12 anos, tinha feito ele enfrentar a depressão.

Ele disse que tinha assistido meu vídeo e pensado "Ela tem 12 anos, passou por tanta coisa e superou. Se eu tenho 24 anos, eu também posso erguer a cabeça e seguir em frente". De novo eu falo daquele negócio de missão. Você pode até me achar boba ou repetitiva, mas eu falo: acho que essa é a minha missão.

Nós dois ficamos emocionados. Ele dizia que tava feliz de estar ali comigo e de ter superado tanta tristeza. Eu me senti a pessoa mais poderosa do mundo. É bom fazer os outros felizes. É bom fazer as pessoas entenderem que elas podem sorrir, mesmo quando as coisas não andam bem.

Eu não sei de muita coisa na vida, mas sei que é importante fazer alguém sorrir. É mais importante ainda quando esse alguém não consegue sorrir sozinho. Eu já passei por isso. Dou a maior importância pras pessoas que gravam e fazem os outros rirem pra passar o tempo. Foi um dos maiores presentes que já ganhei na vida.

Depois disso, o Felipe me ensinou uma mágica de agradecimento. Mostrou um livro em branco e disse que nossa vida é como um livro em branco e que devemos imaginar coisas que queremos que aconteçam. E então ele me fez pensar em um lápis e desenhar. Conforme desenhei, as coisas começaram a aparecer no livro. E, pra realizá-las, ele disse que teríamos que pintá-las. Pintamos e, de repente, aquele livro fechado, que estava todo em branco antes, ficou cheio de figuras lindas.

Aquela era a mágica da vida. Usar a imaginação pra pensar em coisas boas, realizar sonhos e fazer tudo acontecer da maneira como a gente deseja.

Acho que a vida é isso mesmo. É imaginar e pintar da cor que a gente quer o nosso sonho.

Meus canais *preferidos*

Adoro internet e não vejo televisão. Não escondo isso de ninguém e tudo bem, né, gente? Como depois da cirurgia eu ficava deitadona, me distraía como? Vendo vídeos da galera da internet, claro.

Por isso, essas pessoas foram importantes pra mim. Eu assistia cada um desses canais e seguia sorrindo. Eles que me inspiraram a fazer meu canal. E são eles que vou homenagear agora.

Aruan

O Aruan gravou um vídeo em homenagem a mim. Mas não foi um vídeo qualquer. Ele gravou um vídeo pra me apoiar. Ele explicou que viu algumas pessoas me criticando aleatoriamente na internet. Ele disse que conhece bem essa doença, porque sua avó de 80 anos tem câncer, e ela praticamente o criou desde os 2 anos de idade.

Por conviver com a doença e saber que as pessoas precisam de certos cuidados, ele se solidarizou comigo por eu ter apenas 12 anos e ter que enfrentar essa barra. Pra me apoiar, ele falou no vídeo que está ao meu lado, que não tem dó de mim e que eu inspiro as pessoas. No final, ele agradeceu quem me apoia e raspou o cabelo. Assim, do nada. Simplesmente raspou o cabelo! Fiquei emocionada...

Edu Kofi

Esse é pra quem curte games. É legal, dá pra dar risada, aprender, e ainda tá cheio de dicas superlegais. Vale a pena se inscrever.

Julio Coscielo

Ele é um dos youtubers de mais sucesso. Ele conta que, quando começou, tava numa fase zoada de servir quartel, não tinha emprego e demorou mais de um ano pra dar certo com o canal.

O Julio fala muito sobre o preconceito na internet e diz que, pra ter sucesso, você tem que ser você mesmo quando grava. Ele tentou ser igual aos outros e não deu certo. Quando foi ele mesmo é que a coisa vingou.

Malena

A Malena é uma das minhas preferidas. Ela é superautêntica, faz vídeos sobre games, é engraçada.

E ela mostra que vídeo game não é coisa de menino, muito pelo contrário. Ela é menina, joga superbem e tem um público cheio de mulheres que assistem e jogam.

Galo Frito

O Galo Frito é tipo aquele canal que você entra pra dar risada. Foi muito importante logo que eu saí da cirurgia e iniciei a minha recuperação. Eles têm paródias e vídeos de humor de chorar de rir.

RezendeEvil

O Pedro tem um canal chamado RezendeEvil, com mais de 6 milhões de inscritos. Lá ele conversa com a galera, mostra cenas dos jogos dele e ensina a jogar Minecraft.

Ele publica mais ou menos três vídeos por dia no canal, o que é bastante coisa. E já escreveu um livro como se ele estivesse dentro do jogo. Demais!

Pyong

O Pyong é mágico, tem um canal superlegal pra mostrar as mágicas, claro, mas também pra entrevistar pessoas, fazer TAGS, enfim.

Conheci ele pessoalmente no dia em que ele foi me ver lá no hospital enquanto eu fazia o tratamento. E ficamos amigos assim, do nada. Fizemos alguns vídeos muito legais juntos e ele me ajudou pra caramba quando hackearam meu canal.

Felipe Castanhari

O Fe Castanhari, do canal Nostalgia, gravou o primeiro vídeo no próprio quarto e conta que no começo foi difícil. Os quatro primeiros vídeos dele não passaram de mil visualizações. Antes de desistir, ele resolveu tentar de novo e deu certo. Eu assisto sempre.

Isaac do Vine

O Isaac é um youtuber mirim e tem um canal muito engraçado. Ele faz vídeos fofos, que a gente chora de dar risada, porque o jeito dele é engraçado.

Ele foi o primeiro a dar uma força pro meu canal. Lançou um livro faz pouco tempo e eu ameeeeii!!! Quando ele veio aqui em casa, gravamos juntos para o *Pânico* e demos muitas risadas.

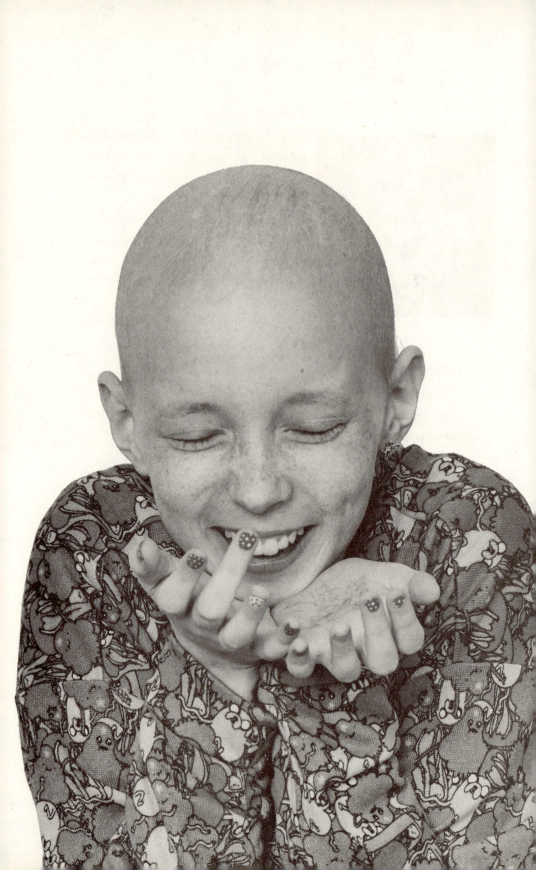

Relação com os *seguidores*

Como vocês sabem, os carecas e cabeludos estão em todos os lugares. Tem gente no Instagram, no Twitter, no Facebook, no Snapchat e no YouTube. Então tem gente pra caramba por aí ouvindo o que eu falo.

Adoro saber que minha mensagem está chegando em tantos lugares diferentes por esse Brasil. Amo principalmente as mensagens deixadas pela galera. Também curto demais receber o carinho dos seguidores por onde passo.

Mas quer saber o que me deixa incomodada? Quando eu tô comendo, num lugar qualquer, com uma comida bem no meio do dente e a boca cheia de alimentos, e vem aquela pessoa e pede pra tirar uma foto. Hahaha!

Legal. Eu gosto de selfie. Mesmo! Tiro numa boa e fico superlisonjeada, mas não dá pra tirar selfie de boca cheia e dente sujo. Hahaha! Mesmo assim, eu tiro pra "fortalecer a amizade", como diz meu amigo Isaac do Vine.

O que falam de (e para) mim – e o que eu respondo por aí!

Quando comecei o canal, a ideia era falar de games. Eu nem imaginava que a curiosidade maior seria sobre minha vida. Todos os dias recebo milhares de mensagens de gente de todo o mundo. Gente que me segue e diz que se inspira na minha vida pra seguir em frente. Mais ou menos assim:

"Todo mundo tá aqui de passagem, mas alguns deixam uma marca e tocam as pessoas."

Ouço muita gente falando que fica impressionada com a minha força, mas eu acho que todo mundo tem essa força. Não sou eu que toco ninguém. São as pessoas que se comovem comigo, e o crédito é delas por terem a mente e o coração abertos.

Eu acho bonito quando dizem que tenho uma coisa forte. Acredito que a vida é isso mesmo. Todo mundo tá aqui de passagem, e temos que deixar uma marquinha no coração de todos.

"Você traz esperança para outras crianças."

Eu acho "esperança" uma palavra muito bonita. Sem esperança, eu não seria nada. A minha mãe me ensinou isso desde cedo. Quando dizem que eu levo alguma coisa boa pra alguém, fico feliz com isso.

É legal saber que a gente tá fazendo algo que pode mudar a vida de alguém. Eu gosto.

"Guerreira!"

É engraçado, todo mundo que já teve câncer leva esse apelido. Acho que é tipo uma guerra mesmo. Tem que acordar todo dia, ter força, acreditar que vai ficar tudo bem. Não é fácil.

Só que quando eu escuto alguém me chamando de guerreira, acho engraçado, porque não me acho "guerreira". Me acho alguém comum, uma criança que teve um problema e hoje não tem mais.

Aí, depois, entendo o que eles querem dizer – é mais ou menos como ter ganhado uma guerra. Uma luta. E não é todo mundo que consegue. E tem gente que pensa em desistir no meio da batalha. Pra quem tá nessa batalha, eu digo: é chatinho, mas passa. Não desistam nunca. A vitória vem daqui de dentro, do coração!

"Do que você tem medo?"

Tem gente que acha que eu não tenho medo de nada. Que, como eu passei pelo pior, sou tipo uma Mulher-Maravilha. Mas não é verdade. Eu tenho medo de muita coisa.

O meu maior medo é de perder a minha família. Eu morro de medo de ficar sozinha. De não ter com quem contar. Acho que isso é pior que morrer. Uma vez, minha mãe foi operar as varizes e eu tremia, não queria que ela fizesse aquilo. Olha só que coisa?

Pareço ser tão corajosa, mas quando é com a minha mãe...

"Qual é a sua maior vergonha?"

Eu sei que pode parecer bobagem, mas juro que não tô mentindo: acho que ninguém tem que ter vergonha de nada, porque somos todos lindos, cada um do seu jeito.

Gente que tem vergonha acaba deixando de fazer um monte de coisa, e isso não é legal. Tem que deixar a vergonha de lado e viver a vida.

Já pensou se eu tivesse vergonha da minha careca? Ou da minha voz? Eu não teria feito o canal nem conhecido tanta gente legal.

"Você é minha inspiração."

Eu? Fico meio preocupada em ser inspiração de tanta gente, porque sou uma menina normal, gente. Mas entendo que tem pessoas que reclamam demais da vida e, quando me veem, ficam sem graça de reclamar, porque dizem que eu passei muita coisa e tô aí, de boa.

Eu queria dizer que não sou nenhuma heroína. Sou só uma garota que enfrentou uma doença e segue um sonho. Que acorda às quatro e meia da manhã pra pegar uma ambulância e ir fazer quimioterapia num lugar distante. Uma menina que tenta mexer a perna pra voltar a andar, que faz fisioterapia e sonha em ficar de pé. Que passa o tempo no YouTube pra dar risada e não ficar pelos cantos chorando, de mal com a vida.

Se é isso que eu tenho pra ensinar, então eu vou dizer que posso inspirar alguém. Todo mundo pode ter forças que não sabe que tem. Eu mesma nem sabia que tinha tanta.

Quando descobri o tumor, achei que fosse morrer. Quando fiquei na maca, nem sonhava com tanta coisa boa que ia acontecer. Forte mesmo é a minha mãe, que ficou do meu lado a cada dia. Eu só tento seguir o exemplo dela. Ela sim me inspira. E prometo que vou ficar de pé e andar sozinha por ela.

"Saí da depressão por sua causa."

Conheci pessoalmente algumas pessoas que me disseram isso. Muita gente me escreveu, na página, contando suas histórias de depressão.

Eu nunca tive depressão, mas vejo gente que perdeu a vontade de viver, que por qualquer motivo fica sentada na cama e não consegue levantar. Cada um tem seu motivo, óbvio, e quem sou eu pra julgar? Sei até que muitas vezes a depressão é um quadro clínico, então tem que ir ao médico pra tratar.

Eu gosto quando alguém diz que eu ajudei em alguma coisa. É como eu falei lá no começo: acho que tenho a missão de deixar as pessoas contentes. Se me ver feliz deixa as pessoas felizes, eu quero mais é que elas fiquem de bem com a vida.

O que rola é que muita gente diz que tem depressão, mas tá só de saco cheio de alguma coisa. Se eu pudesse dizer algo pras pessoas, seria: "Seja feliz e dê risada". Se olharmos sempre o copo meio cheio, vamos ver como somos abençoados, né?

"Nosso problema não pode tirar nosso sorriso."

Outro dia, uma pessoa me escreveu isso. Eu tinha postado uma foto na maca, fazendo quimioterapia, sorrindo, e essa pessoa contou a história dela, de como às vezes deixava de sorrir por tão pouco.

Eu sempre achei que um problema não pode fazer a gente parar de sorrir. Problema todo mundo tem, mas a vontade de sorrir tem que ser maior que o problema.

"O que você acha das pessoas que falam que você usa a doença pra ganhar inscritos?"

Eu já falei disso, mas posso responder de novo. Muita gente me pergunta como eu me sinto quando vejo essas críticas. Mas a minha consciência tá limpa, galera.

Acho que ninguém quer ter uma doença pra conseguir alcançar os seus sonhos. O segredo é não reagir. Se você reagir, vai mostrar que isso tá te afetando, que você tá mal, e isso não pode acontecer. Você tem que ler e, se for algo produtivo, tirar alguma conclusão sobre aquilo. Críticas sempre vão existir, o segredo é só absorver o que for importante.

"Como faço com a minha careca?"

Muitos carecudos de verdade me escrevem perguntando se tive medo ou vergonha de ficar careca. Minha resposta é sempre a mesma: medo sempre temos, mas não tem o que fazer, né? O jeito é enfrentar. Depois você vê que nem era tanta tragédia assim. Hahaha!

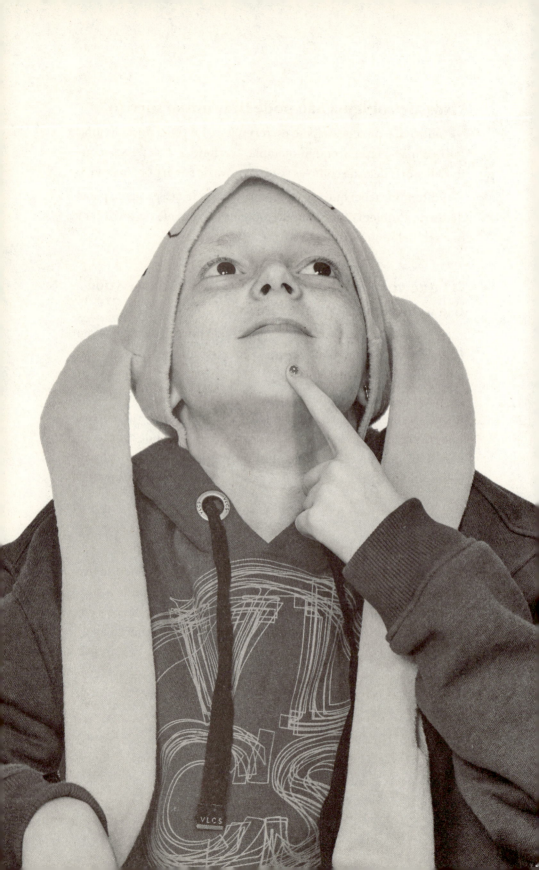

Sobre julgamentos
e críticas

Gente, não é de hoje que tem pessoas que fazem o que querem por aí, né? Eu não tenho raiva de ninguém. Não tenho mesmo. Ainda assim, não acho que todo mundo tem o direito de fazer certas coisas.

Quem entra na minha página pra me destruir nem deveria entrar. Às vezes isso me abala, às vezes não. Depende do dia, como deve acontecer com qualquer ser humano comum, né?

Mas não é de hoje que passo por perrengues. Minha mãe se separou quando eu tinha 2 anos. Desde aquele tempo, somos só nós três em casa. Ela faz tudo, trabalha, dá conta de duas filhas. Não deve ser fácil.

Pois outro dia uma moça parou minha mãe na rua. Tava dentro de um carro e disse: "Escuta, vi que sua filha tá fazendo sucesso. Mas cuidado, viu, porque fama que começa assim de repente acaba rápido". Minha mãe deu um sorriso, mas ficou mal por dentro, sabe?

Eu nem sei que tipo de gente é essa que sente prazer em ver o outro se sentindo mal. Ninguém precisa ajudar nem adorar a gente. Mas parar na rua pra dizer uma bobagem dessas é muita sacanagem. São pessoas que nem sabem o que se passa na nossa vida, que nem imaginam quantas madrugadas minha mãe chorou vendo meu cabelo cair. Mas mais difícil que passar por isso é ver gente dizendo essas coisas.

Quando eu e a Larissa éramos pequenas, as pessoas diziam que nossa mãe dava muita liberdade pra nós duas. Mas isso fez com que ficássemos amigas, confidentes. Conto tudo pra minha mãe. É melhor do que fazer escondido. Ela fala que, quando era criança, era muito reprimida, que fazia as coisas sem o pai ver. Por isso, hoje ela nos dá liberdade.

A internet parece terra de ninguém, mas não é. Printei uns comentários de gente maldosa. Gente que falou tanta coisa horrorosa que nem vou escrever aqui. Isso tem nome. É *bullying*, gente.

Já passamos dificuldades, mas sempre tivemos amigos queridos por perto, então nunca precisamos implorar nada pra ninguém. Sou só uma garota que gosta de fazer vídeos. Ninguém sabe o que é acordar cedo, pegar uma ambulância pra viajar, fazer fila pro tratamento e ter que ouvir que tô usando a doença pra me promover.

Tem gente que é má. Simples assim! Eu era uma menina comum. Um dia, acordei sem movimentos e, depois de me recuperar um pouco, consegui fazer meus vídeos. Acho importante respeitar isso. Não por ser eu, a Lorena do Careca TV. Temos de respeitar os outros seres humanos sempre, sejam eles quem forem: ricos, pobres, doentes, saudáveis. Se as pessoas se respeitassem mais, o mundo seria muito melhor.

> **A internet parece terra de ninguém, mas não é. Isso tem nome. É *bullying*, gente.**

Meus tweets mais famosos

Amo o Twitter e alguns tweets meus fizeram bastante sucesso. Como lá o limite de caracteres é pequeno e aqui a Marcia falou que eu posso escrever o quanto eu quiser (hehehe), vou explicar um pouco mais todos eles.

Ame tudo, confie em alguns, não faça mal a ninguém...

Acho que esse tweet se explica por si só. Amar tudo é amar pessoas, não objetos. Outro dia, postei que é pra amar pessoas e usar objetos e não usar pessoas e amar objetos, como andam fazendo por aí.

Confiar é: temos que saber em quem confiar. Porque nem sempre as pessoas querem o nosso bem. Fazer mal eu nem preciso falar, né? Fazer mal a alguém é a pior burrice que um ser humano pode fazer para si mesmo e para os outros. Quem faz mal a alguém acaba se destruindo e destruindo o outro.

Vamos usar a nossa vida pra espalhar o bem, gente. No dia que o hacker invadiu minha página, falei isso e repito: quem tem habilidades, use pra fazer o bem, descobrir coisas bacanas. Não faça nada que possa destruir o planeta ou derrubar os outros.

Muita gente precisa do seu sorriso, da sua mão, da sua ajuda. Se está deprimido, tente sorrir ou olhar pra alguém ao seu lado e fazer uma boa ação. Você vai se sentir melhor. Mas não faça mal a ninguém. Jamais.

Não desista. Geralmente é a última chave no chaveiro que abre a porta.

Vejo gente desistindo o tempo todo, e as pessoas desistem pelos motivos mais bobos. Eu mesma desisti do meu canal lá no começo de tudo. Na época, foi por vergonha, por achar que não sabia falar direito.

Hoje, não desisto de nada. Pensei em desistir do meu sonho quando hackearam a minha conta e eu perdi todos os vídeos e seguidores, mas percebi que não adiantava. Precisava persistir.

Dizem que é a última chave do chaveiro que abre a porta, e eu concordo. Quantas vezes você não está lá, achando que não dá mais, cansado, e basta só mais um esforço pras coisas acontecerem do jeito que você esperava?

Já percebeu que, quando uma coisa tá difícil de abrir, todo mundo tenta, tenta, e é a última pessoa quem consegue com facilidade? É porque todo esforço vai ajudando um pouquinho. Às vezes não falta quase nada pra chegar lá e desistimos. Não desista nunca!

Odeio quando entro no armário e fico na dúvida se vou pra Nárnia ou pra Monstros S.A.

Quem não vive um mundo de fantasia não sabe o que é viver, cabeludos. Quem não aproveita as pequenas oportunidades do dia a dia pra dar boas risadas não se delicia com a oportunidade de poder viver em universos paralelos.

A gente tem que se transportar de vez em quando. Pra esquecer os problemas, pra dar a volta por cima. Pra tentar ter mais força ou só pra se divertir um pouco mesmo.

Dentro ou fora do armário, vá pra Nárnia, Monstros S.A. ... brinque com a sua imaginação e ganhe forças com ela. A vida pode ser uma brincadeira, se você quiser. Não perca tempo com mau humor. Sorria sempre.

Por um mundo com mais amor e paz, é disso que precisamos.

Amor e paz. Eu sempre falo isso porque acredito que tem muita gente falando e fazendo coisa ruim no mundo.

Temos que olhar pras coisas boas da vida. Temos que ter amor pelas pessoas, ao invés de julgar e criticar. Precisamos de paz, não de mais violência.

Tem violência na internet, na televisão, nas palavras, nas atitudes das pessoas. Em todo lugar. Vamos sair fora disso tudo e falar de amor e paz. Certo?

O celular chega em 1% e você corre até o carregador. Como eu não posso correr, fico gritando pedindo a ajuda da minha mãe como se tivesse morrendo.

Quem nunca? Hahaha!

Eu não posso andar. Fico sentada na cadeira de rodas ou no sofá a maior parte do tempo e mexo no celular o dia todo. Fico no Twitter, no YouTube, no Facebook, no WhatsApp e, quando percebo, cadê a bateria?

Só que ela não acaba em uma hora qualquer. Ela acaba justo na melhor parte da conversa, ou no fim daquele vídeo incrível, ou quando você está postando algo. Quando estou ali, vejo o 1% e me desespero. Hahaha!

Grito até minha mãe escutar de onde estiver pra vir me ajudar. Tadinha da minha mãe! Mas é por uma boa razão, não acham?

Se a felicidade da outra pessoa te incomoda, você tem um sério problema.

Essa frase, na verdade, foi o Luba que tuitou e, como concordo, eu retuitei, pois a inveja é uma droga mesmo. Se a felicidade de outra pessoa te incomoda, pode crer que você sofre desse mal: a inveja.

Ter inveja é feio porque pessoas com inveja geralmente criticam o trabalho das outras, ou falam mal das outras, só por rancor. Não respeitam sua história nem sentem nenhuma alegria com aquela conquista. Eu peço a Deus todos os dias que eu nunca sofra desse mal.

Vi como tenho amigos no YouTube e como as pessoas não são mesquinhas. Quando perdi todos os inscritos e vídeos, a repercussão foi grande, mas não foi nada comparado ao amor e carinho que recebi de cada um que me mandou uma mensagem ou gravou um vídeo só pra ajudar a alavancar meu canal novamente.

O nome disso é generosidade. É quando você quer ver o outro bem porque a felicidade dele é a sua também. Lembre-se disso: vamos ser mais generosos e menos egoístas. Quando um amigo ou pessoa qualquer começar a se destacar em algo, fique feliz por ele.

Quando você fica ao lado de uma pessoa e ela, mesmo em silêncio, lhe faz bem.

Sabem do que eu tô falando? Tem coisa melhor do que se sentir bem ao lado de alguém, mesmo sem falar nada? Pra mim, é a coisa mais valiosa do mundo quando percebo que não precisamos de palavras pra nos comunicar.

E quer saber de uma coisa? Percebi isso quando fiquei 45 dias sem falar uma palavra. Depois da cirurgia, notei que a minha comunicação com a minha irmã e com a minha mãe não dependia de palavras. Nossos olhares se cruzavam, nosso sorriso dizia muito. A presença bastava. Hoje, quando estou perto delas ou de outras pessoas com quem tenho muita afinidade, muitas vezes fico quieta. Deixo o silêncio dizer por si só. Às vezes, ele diz mais que mil palavras. Pare pra perceber. Com quantas pessoas você consegue ficar em silêncio?

Me disseram que pra quem sonha alto o tombo é grande. Só que esqueceram de perguntar se eu tenho medo de cair.

Quem nunca ouviu essa frase acima? Muita gente diz que é melhor não sonhar pra não se frustrar, mas ninguém pergunta se temos medo de cair.

Pra mim, não importa se vai ter queda. Importa se eu realizo meu sonho. E se eu cair, levanto de novo. E se cair de novo, levanto mais uma vez, e quantas vezes for preciso.

Temos que ter coragem pra seguir nossos sonhos e cair o quanto for necessário. O que nos define é a forma como nos levantamos depois da queda. E se o sonho for grande, e a queda, alta, se permita levantar de novo.

Se cada um cuidasse de si, a internet não estaria como hoje... Ficam criticando ABSOLUTAMENTE tudo.

Vira e mexe vejo nomes de amigos virtuais envolvidos em polêmicas. Pessoas que estão só fazendo seus trabalhos e se veem vítimas de fofocas. Aí eu percebo que, se cada um cuidasse de si e da sua vida, a internet não estaria como está hoje.

Todo mundo critica tudo. Já notou isso? Tente ver as coisas com mais leveza e com um sorriso no rosto. Criticar é tão chato que é uma perda de tempo.

#AskLorena: "Lorena, o que a gente faz quando é assaltado e levam o celular? Detalhe: sua vida toda tava no celular!!!"

Não faz nada. Já que perdeu a vida, não dá pra fazer nada, né? Brincadeirinha, gente. Mas sério: celular é algo material. Depois de tudo o que eu passei, aprendi a valorizar pessoas, e não coisas. Um novo celular a gente compra, refaz a agenda, muda as senhas dos aplicativos, arruma tudo de novo. Já a vida é só uma. Portanto, vamos parar de valorizar tanto coisas materiais, gente.

Pessoal não consegue respeitar o espaço dos outros e ainda usa o argumento: "Quer ser famoso, agora aguenta".

Gente, não é porque somos pessoas um pouco mais conhecidas (ou mesmo famosas, que seja) que os outros podem nos desrespeitar e dizer o que querem. Tem muita gente que ataca os outros achando que quem se expõe merece ser atacado.

Eu discordo. Acontece comigo direto, tem muita gente que entra no canal pra criticar. Invadem minhas páginas pra dizer coisas terríveis. Devagar, minha gente! E pra quem sofre disso também, eu digo: bola pra frente! Uma hora essas pessoas cansam de fazer maldade.

Obrigada por chegarem até aqui

Carecas e cabeludos! É isso aí, minha vida em um livro. Eu nem sabia que tinha tanta coisa pra contar sobre mim. Nesses 12 anos de vida, realmente vivi muita coisa, né?

Eu só topei participar desse projeto porque percebi que poderia ajudar muita gente. E também porque muitas crianças e adultos queriam saber um pouco mais da minha vida fora do YouTube.

Então é isso, pessoal. Fim do livro. Ops... Acho que minha irmã tem uma surpresinha pra gente nas próximas páginas. Então vamos dar espaço pra ela desabafar também, né? Acho que vai ser legal.

É com você, Lari!

De irmã para irmã,
por Larissa Reginato

Eu não sou muito de falar. Nem de escrever. Mas minha vida virou do avesso desde o dia que a gente teve a notícia do câncer da Loreninha.

Tenho 15 anos, três a mais que minha irmã. Se hoje somos unha e carne, quando a gente era pequena não era bem assim. Foi difícil conseguir ser amiga dela. A Lô era chata, mimada, impaciente. Nem em sonho eu imaginava que um dia seríamos unidas como somos hoje.

Quando ela nasceu, eu tinha 3 anos. As coisas não foram muito fáceis pra mim. Irmãos mais velhos geralmente sofrem quando nascem os pequenos. Minha mãe disse que eu tive ciúme, mas não me lembro disso. Eu até achava que dava pra gente brincar juntas, mas o jeito da Lorena me incomodava, e eu tentava fugir dela o tempo todo. Quanto mais eu fugia, mais ela vinha atrás e as brigas ficavam cansativas. A gente se batia, se machucava. Não tinha muito o que falar.

Logo que ela começou com as dores de cabeça, eu não levei muito a sério. A Lorena era o tipo de criança que faria de tudo pra não ir à escola, então às vezes a gente achava que ela tava dando desculpinha mesmo. Só que aí ela começou a ficar vesga, a reclamar de tontura. Eu não sabia o que tava acontecendo, e nem achava que era algo sério.

Logo que soubemos do diagnóstico, eu não consegui me conformar. Fui pro quintal e comecei a gritar, chorar, pedir pra Deus que me levasse e não fizesse nada com ela. Achava que ela não merecia aquilo. Ninguém merece, na verdade. Mas, se fosse pra morrer alguém, tinha que ser eu. Não ela.

A Lorena era só um pouco mais nova que eu, mas eu a via como uma criança. Ela era uma criança, e eu não imaginava que ela teria forças pra passar por tudo que ela passou. Tanto que, quando ela foi pro hospital, eu fiquei com medo. Medo de ela não voltar, medo de não vê-la novamente. Era um medo que afundava a barriga. Fazia o estômago revirar.

De repente, minha mãe passou a se dedicar só a ela. Eu fiquei ali, meio sozinha, meio tentando me virar e torcendo pra tudo dar certo. Nossa, como era difícil! Foi uma barra pesadíssima, daquelas que a gente não acha que vai ter que enfrentar e nem que vai conseguir encarar.

No dia em que fui visitar minha irmã depois da cirurgia, foi aquele sustão. Eu achei que ia ver a Lorena sorrindo, brincando. Achei que ia ver a minha irmã do jeito que ela era. Mas não. Ali estava um corpo que parecia o de uma boneca. Frágil, molenga, imóvel. Ela não mexia a boca, não falava, não mexia sequer um músculo do rosto. Não mexia nada.

Pensei: "Minha irmã vai ficar retardada". Foi um pensamento que saiu e escapou pela boca. E comecei a chorar. Fiquei revoltada, com medo, apavorada com a ideia de não ter ela de volta. Minha mãe tentou me consolar, me abraçou. Eu fiquei sem saber o que fazer. Era muita coisa pra raciocinar. Muita novidade de uma vez só. Ela disse que a Lorena ia voltar. Eu não sabia até que ponto a gente ia ter ela de volta. Nossa Lorena.

Quando fui me despedir, ela deu um jeito de me lamber. Ela me lambeu! Eu falei: "Parece o Raj", e ela me olhou. Naquele minuto, eu soube que ela ia voltar.

Pensei: "Minha irmã vai ficar retardada". E comecei a chorar.

Olhei pra ela e comecei a chorar, e de repente vi um sorriso. Ninguém mais viu, mas eu vi. Ela não mexia a boca nem nada, mas tava sorrindo pra mim. Eu vi. Eu senti!

Foi assim que percebi que ela tava entendendo tudo o que eu falava. A nossa comunicação ia além das palavras. "Ela vai voltar", falei pra minha mãe. Começamos a chorar, agradecendo. Saí dali mais confiante.

Os dias que se passaram depois disso não foram fáceis, não. Mas os dias que se passaram depois disso não foram fáceis, não. A gente precisava ter muita força pra dar conta de tudo aquilo. Minha mãe tava cansada, não conseguia trabalhar porque ficava o tempo todo com a Lorena. Mal tinha tempo pra qualquer outra coisa.

Meu coração ficava apertado de ver aquela situação. Eu não sabia o que fazer pra ajudar. Mas sabia que quando eu tava junto, a Lorena ficava bem. Eu percebia que ela gostava de me ver por perto, então comecei a tentar ficar o mais próxima possível. Primeiro, eu segurava a mãozinha dela, e ela ria. Depois, começamos a usar linguagem de sinais. As coisas foram melhorando. Quanto mais eu falava bobagem, mais ela ria e mais eu ficava feliz de ver a minha irmã rindo. Era como se a felicidade dela fizesse toda a diferença.

A adolescência é um período que mexe muito com a gente. Passar por tudo isso foi um turbilhão que nem sei como a gente conseguiu enfrentar. Hoje, vejo que tudo na vida é uma questão de causa e consequência. As coisas não acontecem assim, por acaso. Tudo tem um motivo, uma razão.

Quando a Lorena começou a ficar vesga e andava com a mão no olho, por exemplo. Se não estivéssemos com meu avô, que é médico, naquele exato momento, não saberíamos o que era. Se ele não tivesse dito: "Faça a ressonância agora", talvez a Lorena não estivesse mais aqui.

Por isso, acho que as coisas acontecem no tempo e na hora certos. Acredito em Deus, mas não sou religiosa. Na minha opinião, tudo que acontece na vida era para ter acontecido. Ou seja, tudo que você faz gera uma coisa mais adiante.

Por exemplo, se eu colocar uma cadeira em frente à porta. Se eu chegar, tropeçar e cair foi porque coloquei a cadeira lá.

Não posso culpar ninguém, porque fui eu que coloquei a cadeira lá. Não estou dizendo que ela mereceu ter tido a doença. Nada disso. Mas, se a gente não tivesse viajado com o vovô, será que teríamos percebido?

Esse período todo está sendo de muito aprendizado pra nossa família. Ver a minha mãe chorando ao perceber os primeiros tufos de cabelo da Loreninha caindo foi muito sofrido. É muito difícil ver quem você ama fazendo quimioterapia e passando mal ou dando tremidinhas de tão debilitada. Eu nunca soube como lidar, na real, mas sabia que tinha que ficar bem pra ela ficar bem.

Hoje, eu olho a minha irmã e fico pensando que baita símbolo de superação ela é. Que exemplo de pessoa, de ser humano. Ela tem o coração bom, generoso. É pura e feliz.

> **Hoje, eu olho a minha irmã e fico pensando que baita símbolo de superação ela é. Que exemplo de pessoa, de ser humano.**

No dia que ela quis fazer o canal, eu tive medo. Medo do que pudessem falar dela. Não queria ver a minha irmã sofrendo. Sabia tudo que ela tinha passado, e sabia que ela podia se machucar com os comentários, mas ela quis ir em frente. E lá fomos nós gravar o vídeo.

Quando a gente percebeu que tava fazendo o maior sucesso, deu um friozinho na barriga. Ela queria que eu aparecesse, que ajudasse mais por ela ter dificuldade pra falar. Mas eu morria de vergonha. Não gosto disso.

Até o dia em que o canal foi hackeado. Fiquei mal. Me senti mal. Não sabia mais o que fazer. Naquele dia, peguei o celular e gravei um vídeo xingando todo mundo. Pode não ter sido a melhor coisa, mas eu não conseguia ver minha irmã daquele jeito. Ela chorava. Tava mal, nem conseguia sair da cama. Dizia que tava tão triste quanto no dia em que descobriu o câncer.

Para o tratamento dela, esse dia foi um fiasco. As plaquetas baixaram, ela não conseguiu fazer a químio. Só depois que ela viu que tinha tanta gente do bem na internet, disposta a ajudar, ela resolveu seguir em frente. E lá foi ela começar tudo de novo, como uma verdadeira guerreira.

Hoje, a gente tá aqui. Eu olho pra Lorena e vejo muita força. Vejo uma pessoa que não tem medo de nada. Não tem vergonha de ser quem ela é e como ela é. Foi o que me deu forças pra também assumir outras coisas em mim.

Ela é uma inspiração pra todo mundo. Digo que eu jamais conseguiria passar por tudo que ela passou. Sei que pode parecer trágico, mas se eu tivesse que enfrentar tudo isso, talvez não tivesse conseguido. Ela sabe disso e dá risada. Diz que eu conseguiria sim, mas no fundo eu sei que não tenho a força dela. Admiro minha irmã por isso. Por essa força gigantesca numa pessoa aparentemente tão frágil.

Quando vejo pessoas escrevendo bobagens na internet, fico pensando: o que essas pessoas sabem da vida? O que elas já enfrentaram pra afirmar o que dá na telha sobre a vida dos outros assim, de graça? Será que elas sabem o que é passar dificuldade porque sua mãe não tem tempo de trabalhar, porque a vida tá voltada pra irmã em recuperação de um câncer na cabeça?

Será que elas imaginam a rotina da Lorena? Sabem que ela acorda às quatro e meia da manhã, pega uma ambulância capenga, faz tratamento no SUS, sem saber se vai ter remédio ou não? Acho que tem muita gente por aí que não sabe nada da vida. E não sabe nada da *nossa* vida.

Não sabe o quanto a Lorena se esforça pra acordar todos os dias. Como ela lutou pra ganhar peso, pra conquistar o movimento de cada músculo do corpo novamente. Não sabe a luta diária da minha mãe pra levar ela nos tratamentos. A nossa luta pra fazer ela sorrir.

Agora, falando diretamente pra você, de irmã para irmã, Pélvis Lúcia: eu acredito muito nessa coisa de missão que você tanto fala. Sua missão é inspirar as pessoas a serem melhores. A buscarem a paz, o amor, a gratidão. Talvez você tenha tido essa doença e sobrevivido pra realmente ser um exemplo. Pra mostrar aos outros que é possível, sim, ser feliz, mesmo tendo passado por maus bocados.

Eu tenho certeza de que você não é uma menina comum. Dou graças a Deus por ter você como minha irmãzinha. Ao seu lado, as pessoas também sentem que podem ser melhores, que não precisam ter vergonha delas mesmas e que podem dar risada mesmo sem motivos.

Você mostra pra todos nós que a vida tem uma oportunidade maravilhosa pra gente todo dia. E podemos sonhar e realizar tudo o que estiver em nosso coração. Só é preciso ter fé e paciência.

E eu só tenho a te agradecer. Obrigada por existir na minha vida, Lorena.

TIPOGRAFIA	ARNO PRO
PAPEL DE MIOLO	HOLMEN BOOK 55g/m²
PAPEL DE CAPA	CARTÃO 250g/m²
IMPRESSÃO	IMPRENSA DA FÉ